清涼明月

天上有个丰子恺

张雪南 著

黄山书社

图书在版编目（CIP）数据

清凉明月——天上有个丰子恺 / 张雪南著 . — 合肥 : 黄山书社，2023.10
ISBN 978-7-5737-0882-3

Ⅰ . ①清…　Ⅱ . ①张…　Ⅲ . ①丰子恺（1898-1975）—生平事迹　Ⅳ . ① K825.72

中国国家版本馆 CIP 数据核字（2023）第 209435 号

清凉明月——天上有个丰子恺　　张雪南　著
QINGLIANG MINGYUE——TIANSHANG YOU GE FENG ZIKAI

出 品 人　葛永波
书名题字　李莉娟
责任编辑　高　杨
责任印制　李　磊
装帧设计　有品堂 _ 刘俊
出版发行　黄山书社（http://www.hsbook.cn）
地址邮编　安徽省合肥市蜀山区翡翠路 1118 号出版传媒广场 7 层 230071
印　　刷　合肥精艺印刷有限公司
版　　次　2023 年 11 月第 1 版
印　　次　2023 年 11 月第 1 次印刷
开　　本　700 mm × 1000 mm　1/16
字　　数　220 千字
印　　张　18.5
书　　号　ISBN 978-7-5737-0882-3
定　　价　59.00 元

服务热线　0551-63533706

销售热线　0551-63533761

官方直营书店（https://hsss.tmall.com）

丰子恺跨越时空的“星”缘（代序）

宋菲君

为弘扬我国现代漫画家丰子恺先生的艺术思想和文化成就，国际天文学联合会（IAU）小行星命名委员会最近批准了“丰子恺星”的命名。自此，在浩瀚的太空中，又多了一颗以中国人名字命名的小行星。

童年往事，结缘星空

我在上海市复兴中学读书的时候兴趣广泛，既喜欢数理，又向外公丰子恺先生学美术速写、学古文诗词，还是一名天文爱好者。高一的时候，根据物理教科书中非常有限的光学知识，我和同学一起到上海虬江路旧货摊上购买了一块直径约 100 毫米、焦距不到 1 米的平凸透镜当物镜，用几块放大镜当目镜，制成了一个开普勒天文望远镜。

用这架简陋的望远镜，我们居然看到了木星的四颗卫星、土星的光环、金星的盈亏，还清晰地看到了月球表面的环形山。那年好像接近火星“大冲”（火星、地球和太阳在一条直线上），在望远镜中，火红色的火星特别明亮。我们当时都异常兴奋，我还将具体情形一五一十告诉了外公。他听了也很高兴，对我们观察到的天文现象很感兴趣，还问我能否看到火星的卫星，我说“火卫一”和“火

《自制望远镜》（丰子恺作）

卫二”都太小了，没看见。外公根据我描述的情形，当时挥毫作画送给我，并题诗一首：

自制望远镜，天空望火星。
仔细看清楚，他年去旅行。

在漫画《自制望远镜》中，描绘了孩子们把望远镜反过来瞧，想一探究竟、各种尝试的童趣。这幅画后来在上海《新民晚报》发表。外公又写了一个条幅送我：

盛年不重来，一日难再晨。
及时当勉励，岁月不待人。

高三文理分科时，我已向外公学了多年的古文诗词，从《古诗十九首》“行行重行行”到《滕王阁序》的“落霞与孤鹜齐飞，秋水共长天一色”，都烂熟于心。我还向外公学了三年美术，高二时画的素描“外公”得到外公本人的赞许。但同时，我又热爱数学、物理，分科拿不定主意，就去征求外公的意见。记得那一天外公在上海的寓所日月楼的阳台上，端着一杯茶来回踱步，一面吟诵他最喜欢的那首温庭筠的诗“谁解乘舟寻范蠡，五湖烟水独忘机”。听了我的困惑，外公喝了一口茶，对我说：“我们家学文学、艺术、外语的多，你的数理成绩这样好，又喜欢天文，我看不如去考北京大学的物理系。”他还告诉我，他上初中时，数理学得很好，一直是班里第一名。后来师从李叔同先生，专心学美术音乐，数理成绩才掉到二三十名。

听了外公的话，我上了理科班，又如愿以偿地考上北大物理系（第二、第三志愿都是天文系）。我在北大物理系学习成绩优秀，毕业后一直从事物理学的研究和光学工程、光学仪器的开发。十年前我曾参加美国一个做望远镜自适应项目的科研组，和中国科学院国家天文台研讨改造兴隆观测站的 2.16 米望远镜。该项目由于种种原因未能实现，但我和国家天文台就此结下了缘分。

丰子恺（中）与幼子新枚（左）、外孙菲君（右）在上海日月楼读报。

“丰子恺星”的机缘

由此因缘，我常常去国家天文台，结识了薛随建副台长和许多天文学家，才发现大家对丰子恺非常崇敬，也让我倍感自豪。去年，我在中国科学院大学担任“督导”，听了西安光学精密机械研究所魏儒义研究员有关系外行星的课。他是一位年轻有为的科学家，研究系外行星、外星生命等课题，有很多想法。我答应把他的设想转达给国家天文台。

2019 年 11 月再次与薛副台长见面时，我送他一套丰子恺老家桐乡档案局出版的《子恺漫画精品集》。我们一面欣赏着漫画，一面谈课题。薛副台长突然提出：“宋老师，我们争取把一颗小行星命名为‘丰子恺星’怎么样？”我当时既兴奋又激动，并着手一起筹划。这个想法随即得到老天文学家的一致支持。我和弟妹们一起策划，由丰子恺故乡——桐乡市政府提出书面申请。薛副台长和陈建生院士亲自领导组织，台里的“大视场巡天”研究团组立即启动，赶在去年年底前办理手续、准备材料，并上报国际小行星命名委员会。

不巧，今春疫情暴发了，批准程序也受到了一定程度的影响。

今年 6 月初，我在《大百科全书・物理卷》编委会开会时，国家天文台的邹振隆研究员突然来电话：“宋菲君，报告你一个好消息，‘丰子恺星’批下来了！”当时参加会议的物理所的杨国桢院士、聂玉昕研究员、冯宝华研究员，北大朱星教授，清华李师群教授和我一起庆祝这个好消息。

“丰子恺星”审批成功的消息立刻在网上快速传播，引起大家的热议。广大网友和了解丰子恺的人们立刻从小行星的编号中发现了新的秘密：小行星发现的日子 1998 年 11 月 9 日，恰逢丰子恺 100 周年华诞；小行星的国际永久编号是 79811，后四位数字正是丰子恺的生年与月份（1898 年 11 月）！

外公也曾是天文爱好者

外公在三十岁时写过一篇《秋的星座及其传说》，不但描述了银河，牛郎星织女星，还讲述了昴星团、比邻星南门二，天琴座环状星云，大熊座、小熊座、仙女座、牧夫座、飞马座、天鹅座、天箭座、山羊座、宝瓶座、双鱼座、白羊座……生动地介绍有关中国星宿和西方星座的故事。外公在文中介绍关于牵牛织女的传说：“牵牛、织女一居河东，一居河西。织女机杼劳役，不顾整容。天帝怜其孤独，许嫁牛郎为夫妇。嫁后遂废织，帝怒，谪归河东，惟令每年七月初七日，渡河一会。”

外公准确地说出全天肉眼可见的星星一共 5333 颗；离地球最近的南门二（比邻星）距地球 4.25 光年，织女 10.4 光年，牛郎 13.6 光年，天琴座环状星云 220 光年，大熊星座的螺旋状星云 1000 万光年！

联想起，外公说他自己的心被四件事占据了：天上的神明与星辰，地上的艺术与儿童；

联想起，外公把遵义的居所称为“星汉楼”，取自后蜀后主孟昶的词《避暑摩诃池上作》中的“起来琼户寂无声，时见疏星渡河汉”；

联想起，外公把上海的居所取名为“日月楼”，书房中悬挂着国学大师马一浮书写的对联“星河界里星河转，日月楼中日月长”；

联想起，跟随外公旅游，我凌晨起来看南方地平线上很低但非常明亮的南极老人星，外公也披了衣服出来和我一起观看；

联想起，我做完望远镜后，外公问我是否看得到火星的卫星；

联想起，外公建议我弃文从理考北大；

……

在百年华诞之际，外公丰子恺终于“天人合一”，变成了天上一颗永恒的星星。

2020 年 9 月

目　录

T.K.

永远保持良心善念

——李莉娟谈祖父李叔同与丰子恺

丰子恺的朋友圈很广。而论与丰子恺因缘与情谊最深的师友，非李叔同莫属。

李叔同对丰子恺的影响，是最大的，且是全方位的。

李叔同对丰子恺的影响，是一辈子的。可以说，没有李叔同，就没有丰子恺。

而丰子恺对李叔同的理解，是最深的，也是最到位的。

丰子恺对李叔同的崇拜，也是一辈子的。丰子恺曾在弘一法师圆寂后非常认真地说过：“弘一法师是我的老师，而且是我平生最崇拜的人。”

丰子恺一生著译等身，其中写人的文章也不少，而写得最多的是李叔同，如《我与弘一法师》《为青年说弘一法师》《中国话剧首创者李叔同先生》《李叔同先生的爱国精神》《李叔同先生的教

弘一大師遺象
先師弘一大師住世之日與閩僧廣洽法師緣誼最深曾約余來閩相見
以緣慳未果戊子之冬余從臺灣來厦門適 廣洽法師亦由星嘉坡返閩南相見甚歡而
大師已於五年前往生西方余見 廣洽如見 大師臨岐寫 大師遺象贈 廣洽師即請於
星洲薝蔔院供養以志永恒之追思
豐子愷客厦門

《弘一大师遗像》（丰子恺作）

育精神》《李叔同先生的文艺观》等等。

丰子恺曾在为《弘一法师全集》写的序中说：“我崇仰弘一法师，为了他是‘十分像人的一个人’。凡做人，在当初，其本心未始不想做一个十分像‘人’的人；但到后来，为环境、习惯、物欲妄念等所阻碍，往往不能做得十分像‘人’。其中九分像‘人’，八分像‘人’的，在这世间已很伟大；七分像‘人’，六分像‘人’的，也已值得赞誉；就是五分像‘人’的，在最近社会里也已经是难得的‘上流人’了。像弘一法师那样十分像‘人’的人，古往今来，实在少有。所以使我十分崇仰。”如此精辟的论述，可见丰子恺对恩师的理解至深。

丰子恺一生作画无数，他是一个用心作画的人。最为用心的便是从1929年开始，他为了兑现对弘一法师许下“世寿所许，定当遵嘱”的承诺，付出了其毕生精力，历经46年时间完成了6集《护生画集》，画作450幅。

丰子恺一生画人无数，他用心画得最多的是弘一法师造像。在弘一法师1942年圆寂后，他发愿要为恩师造像（即画像）一百尊，分寄各地，勒石立碑，以垂永久。丰子恺为弘一法师造像，各地求者众多，深受各方赞誉。他在《为青年说弘一法师》一文中说：“为欲勒石，用线条描写，不许有浓淡光影。所以不容易描得像。幸而法师的线条画像，看的人都说‘像’。大概是他的相貌不凡，特点容易捉住之故。但是还有一个原因：他在我心目中印象太深。我自己觉得，为他画像的时候，我的心最虔诚，我的情最热烈，远在惊惶恸哭及发起追悼会、出版纪念刊物之上。”

李叔同与丰子恺的师生情谊，是众生难得的因缘，是世事难求的典范。以至于直到现今，说起李叔同，常会提起丰子恺；说起丰子恺，总要念及李叔同。甚至把弘一法师和丰子恺合在一起，创造了一个新的名词“弘丰”，被广泛沿用。

自从2018年10月开启“寻缘”访谈，我一直有个深深的愿望：访谈李叔同的后人。当年11月，我通过丰子恺外孙宋雪君老师推荐，联系到了李叔同的嫡孙女李莉娟女士，加了微信，时有联系。因李女士远在天津，一直没有机会面谈。直至2019年12月17日，我赶去天津，在她的办公室如愿作了访谈。

而访谈之外，有两件事让我感动。一是在我去天津前一天，她专门发来微信，细心关照：“今天天津一天下雨夹雪，如果晚上刮风，明天会降温，但是路上不会结冰。您注意防寒。”二是针对我的访谈提纲，她早有所思考和准备，并专门梳理了电子文档发我参考。无论是待人还是做事，细微之处，足见她无比的认真。

笔者：请您谈谈您心目中祖父李叔同的印象，祖父最可贵的品德、最鲜明的性格特点。

李莉娟：祖父李叔同集诗词、书画、篆刻、音乐、戏剧、文学、佛学于一身，在众多领域，开中华灿烂文化艺术之先河。他的书法艺术精湛，“朴拙圆满，浑若天成”，鲁迅、郭沫若等现代文化名人以得到祖父一幅字为无上荣耀。他是第一个向中国传播西方音乐的先驱者，是中国话剧的创始人，是把西洋画引入中国的第一人，是中国水彩画的开拓者。他以卓越的艺术造诣，先后培养了著名画家丰子恺、潘天寿，音乐家刘质平等一代文化名人。出家后，精研律学，编著《四分律比丘戒相表记》

等著作，使中断800年的南山律宗得以继承弘扬，被佛门尊为“第十一代律宗祖师”。

祖父在日本主要学习的是西洋画和西洋音乐。他的油画艺术在当时来看可以说是中国油画界的顶尖水平了。可惜他留存下来的油画极少，目前在日本有一幅自画像，那是在日本上野东京美术学校毕业时的作业，2000年时由日本带到台湾、北京巡回展出过。

弘祖的精神和做人的品德，被几代人所传承，特别是弘祖的“认真”二字令我们终身受用。弘祖青年时期才华横溢，出家后以律弘教、以戒为师，以种种方便而作佛事。贯穿他一生的是处处认真、事事认真，不为自己求安乐、但愿众生得离苦。正因为如此，才成就了一位蜚声海内外的教育家、艺术家、佛教高僧、律宗第十一代祖师。

笔者：您祖父弘一法师多才多艺，他以卓越的艺术造诣培养了一批文化名人，丰子恺就是其中一位典型代表。请您谈谈李叔同与丰子恺特殊的师生情，您对丰子恺先生及其艺术的印象和感悟。

李莉娟：弘祖任杭教职六年，兼任南京高师顾问两年，及门数千，遍及浙江，英才蔚出，足以承绍家业者，指不胜屈，私心大慰。

先祖父本人对自己的所作所为许多是不满足的，然而他却在培养艺术人才方面自感欣慰！可以想见，先祖父对自己的教育教学成绩是何等的满足，满足得尽可以告别红尘，一心念佛去了。

丰子恺先生1914年考入浙一师，我祖父已在学校教书两年。

据丰先生自己回忆，他对老师第一印象特别好，第一节课就看到老师端坐在那儿。以后对老师的印象更加完美。丰先生学习非常优秀，我的祖父也特别看重他。丰先生受我祖父的影响很大，他能成为一名艺术大家，体现了老师——我祖父对他很大的影响。丰先生在他的文章里也曾谈到，有一天晚上我祖父对他图画进步的肯定，是一个重要关口，促使他打定主意把一生奉献给艺术。

丰先生是一个艺术大家。“子恺漫画”非常受大众喜爱，雅俗共赏，寓教于乐。我有一个特别嗜好，就是喜欢看丰先生的漫画，特别是他的儿童漫画，他把儿童的生活记录得非常逼真，从艺术上表现生活，非常到位。在我看子恺漫画时，我已经长大，却勾起我对童年的美好回忆。从丰先生漫画中，可以看到他对子女没有呵斥，充满爱心，从规正小孩的基本行为做起，身教重于言传。像《蚂蚁搬家》这幅画，描绘小孩用小板凳保护搬家的蚂蚁的场景，反映小孩从小就有慈悲心。丰先生非常热爱生活，他有很多这样的对儿童生活的写生，都反映出丰先生的心灵特别淳朴，特别善于捕捉生活中的点滴，用艺术的画笔表现出来，小中见大，这就是艺术大家对我们如今社会的最大贡献。

我祖父对丰先生的影响是全面的，不仅在艺术、宗教方面，对做人的影响则更为深刻。有一次，丰子恺寄来一卷宣纸请我祖父书写佛号，宣纸自然富余一些，祖父就写信去问多余的如何处置？丰先生回信说，请随意处置，祖父这才使用。另一次，丰先生寄的邮票多了几分，祖父就把多出的又寄回去，此后丰先生都要提前说明多余东西的用途，祖父才肯用。我祖父崇尚“先器识

《蚂蚁搬家》（丰子恺作）

而后文艺”，即学文艺先要学好做人，丰先生也很好地践行了这一准则。

丰先生与我祖父长期交往，两人关系非常密切，行为默契。我祖父出家后的一切供养靠学生和朋友。丰先生还和夏丏尊、刘质平先生等人一起在上虞捐建了晚晴山房，以便让弘一大师更好地研究经典。也是在我祖父的影响下，丰先生皈依佛教。丰先生画佛教巨作《护生画集》，经过了40多年才完成，特别是经历了社会的变革，丰先生仍然完全遵守了对我祖父的承诺。

丰先生和我祖父一样很重家教、家风的传承。我祖上一直对穷苦百姓有施舍，家里曾开设过施馍场、施粥棚。省钱做慈善，这是家里的一个传承，从我曾祖父辈上就传下一副对联：惜衣惜食，非是惜财缘惜福；求名求利，须知求己莫求人。一直挂在祖屋的客厅里。祖父也把联句传给了丰先生，丰先生手录给他的子女诵读，丰家子女都能背诵这副对联，并深受影响。

我现在与丰家后人的交往，是没有一点界限的。祖一辈及两代人、三代人之间的相互信任达到极点，我们与丰家后人的交往也非常坦诚，我与丰一吟这么长时间、这么多次的通信、通话，有事就是一句话直说，没有废话，简单明了。我记得第一次见到丰一吟是1984年，我受邀到杭州虎跑参加李叔同纪念馆开馆仪式，丰一吟担心我们到杭州人生地不熟，让我们先到上海再一起去杭州。我们坐20多个小时火车到上海，丰一吟特地到车站接我们，怕等我们浪费时间，她还带了书稿到火车站，一边等一边修改稿子。这是她给我的第一印象，真是惜时如金，不浪费一点时间。

笔者：请您谈谈您所了解的《护生画集》的一些故事或者一些细节。丰先生横跨46年完成《护生画集》六集的创作，您认为其中最难能可贵的是什么？

李莉娟：《护生画集》是弘祖与他的学生丰子恺共同合作的代表作品，这部画集一共六集，从酝酿到全部出齐历时半个世纪之久。《护生画集》在佛教界、文化界广泛流传，影响十分深远，对于弘扬佛法，培养慈悲心，起到了特殊的作用。《护生画集》由丰子恺作画、弘祖配诗，师生合作，把禅意和慈悲的精神体现其中。丰先生受到我祖父佛教思想的影响，“护生”即是“护心”，把慈悲心渗透在作品中，以此来接引大众、启迪大众。

“护生画”缘于1927年，弘祖云游至上海，与学生丰子恺商定编绘《护生画集》的计划，第一集50幅漫画配50首诗，于1929年2月由开明书店出版，为庆祝弘祖50岁生日而作。

抗战爆发后，弘祖居闽南，丰子恺避难广西。1939年丰先生为庆祝弘祖60寿辰，开始着手绘作《护生画集》续集，共60幅，由广西寄到泉州请弘祖配上文字。弘祖见续集绘出，非常欣慰，写信给丰子恺：“朽人七十岁时，请仁者作护生画第三集，共七十幅；八十岁时，作第四集共八十幅；九十岁时作第五集共九十幅；百岁时作第六集共百幅。护生画集，功德于此圆满。”

丰先生收到信，私下想，其时寇势凶恶，自己流亡在外，生死难卜，但法师既有此嘱托，又岂能不从呢？因此他在复信中表示：“世寿所许，定当遵嘱。”

后来经过众人的助缘，第三集、第四集、第五集相继出版。

画第六集时正值“文化大革命”，丰子恺先生被列为“上海十大重点批斗对象”，他的护生画当然也被列为“反动书刊”，可执着的丰先生并没有忘记尚未完成的护生画第六集，无论处境多么险恶，他也要使护生画功德圆满。丰先生画护生画第六集是在极其保密的情况下进行的，任何人不知道实情。新加坡的广洽法师在第六集序言中写道：“从此数年之后，往来音信，若断若续，似有不能言之隐衷……”

第六集在1973年完成，当时丰子恺对上海的朱幼兰居士说：“画《护生画集》是担着风险的，为报师恩，为践前约也就在所不计了。”

护生画第六集完成后，丰子恺自知不久于人世，便托朱幼兰居士保管。1975年9月15日丰子恺先生与世长辞，终未见到第六集护生画出版。“文革”结束以后，一直十分关心第六集情况的广洽法师，于1978年再赴上海，当他从朱幼兰居士处了解到实情后，内心十分感动。广洽法师在《方外知音何处寻》一文里说：“不受环境的挫折而停顿，不受病魔的侵患而退馁，以护生则护心，永远保持这颗赤裸裸对待人的良心善念，生死以知，义无反顾。”

广洽法师离开上海时将原稿带走，随后募款，第一至第六册《护生画集》于1979年10月由香港时代图书有限公司出版，护生画于此功德圆满。1985年广洽法师将护生画原稿带至中国，无偿捐献给浙江省博物馆。

丰先生不畏艰难完成《护生画集》六集的创作，这是对老师最大的尊重和恭敬，社会各界对丰先生的艺品、人品评价非常高，这也是丰先生受我祖父影响和教诲的最好体现，这是一种传承。

笔者：2018 年是李叔同出家一百周年，一直以来社会各界对他的出家原因也有一些不同的说法。请您谈谈对祖父出家的看法、弘一法师真正的佛教理念，以及丰子恺对弘一法师的理解。

李莉娟：“出家乃大丈夫事，非将相所能为。”弘祖 1918 年在杭州虎跑定慧寺出家，弘祖的出家没有牵涉到任何世俗因素，而放下一切身外之物，完全是为了住持佛法、续佛慧命、弘法利生，将佛法发扬光大、利益众生，为“非将相所能为”之事。

弘祖 1942 年圆寂，这二十四年间，他对佛教作出了杰出的贡献。鉴于当时佛门戒律松弛，故而致力研究律宗，学律持律，以自己严格的持戒行动，为佛教界树立典范，并振兴淹没八百年的“南山律宗”，履践他的弘律誓愿。他呕心沥血，竭尽全力，精研律藏，先后编著许多有关律学典籍文献，总称为《南山律苑丛书》。其中以《四分律比丘戒相表记》一书最为精辟，为经典性著作，耗费七年时间才完稿，精心构思，将原有戒条制为表解、化繁为简。表中所列制意、罪相、具缘、开缘、并制、境想等，纲目精细，条理分明，令初学者易得门径，被称为宋朝元照（灵芝）律师以后第一巨著，弘祖在中国佛教史上被尊为“南山律宗第十一代祖师”。

“不杀生”是佛教中最基本的戒律，弘祖不失时机地利用护生画这一通俗的艺术形式来宣传佛教，以求能在恰当的时机最高限度地使佛教精神深入百姓心灵之中，这是弘祖作为一代高僧所体现的悲天情怀和宽广胸襟！

有这样一个事例：1928年农历十一月的一天，弘祖在行船上看到一只老鸭被关在笼子里，据鸭主人说老鸭肉可以治病，此鸭正是送给乡间病者宰杀食肉的。弘祖听后，倍感老鸭之不幸，于是恳请船主替老鸭乞命，并表示用三金赎老鸭，老鸭终于免于厄运，随弘祖一同下船。事后，弘祖特意让丰子恺将老鸭的造型绘出，一并收入《护生画集》。弘祖为此画的题词是："罪恶第一为杀，天地大德曰生。老鸭札札，延颈哀鸣；我为赎归，畜于灵囿。功德回施群生，愿悉无病长寿。"

真正信佛的人是只讲奉献，不讲所求的。弘祖曾引用过《华严经》的一句话："不为自己求安乐，但愿众生得离苦。"这才是真正的学佛理念。我觉得，佛教的教义应该融入社会生活中，如果你能把自己的家人都照顾好，甚至以德报怨，你就是一位"菩萨"。用高尚的道德准则要求自己，不必拜神求佛，也能达到佛学的境界。

丰先生与老师李叔同之间几十年的交往和默契合作，使他们远远超出了师生关系。我特别赞赏丰先生"三层楼"（指物质生活、精神生活、灵魂生活）的说法，丰先生对老师非常了解，也非常尊重。好多人都认为我祖父出家是受打击或遇到不愉快的事之类，丰先生如此了解老师，看到老师对艺术和精神的追求达到了顶点，认为老师追求精神上的享受是快乐的。的确，祖父无论做什么都完全地投入，当他学佛到一定程度，出家是必然的，这是他做人做事极端认真的结果。可以说，丰先生“三层楼”的观点是对老师人生演绎发展的总结，也是对老师最好的评价。

笔者：您很早就临摹您祖父的书法，您在学习当中有些什么体会？

李莉娟：我从小受佛化家庭的影响，对佛教的感情是很深厚的。虽然我父亲没有皈依佛教，但他还是完全按照佛教的要求传承家风的。因而我对皈依是没有疑虑的，特别是后来接触到祖父的很多文章、开示，对我影响更深。1985年，广洽法师到天津来，对我父亲讲要继承弘一大师的精神，不光继承佛教的信仰，还希望我们在艺术的继承和发扬上也做出一些努力。1986年我在新加坡广洽法师的见证下皈依佛教，从此，在恩师的指导下学习佛法，学习弘祖的精神和做人的品德，并在其鼓励下恭临弘祖墨迹。

弘祖的字，很有禅味，没有任何烟火气。《弘一大师年谱》的作者林子青先生在《漫谈弘一大师书法》一文中写道：“弘一大师一生做人的精神和治学的态度是认真而严肃的。他要学一样就像一样，要做什么就像什么。艺术造诣上对于书法用功最勤，致力最久。自出家以后，诸艺俱疏，唯独书法不废。到了晚年更独创一格，在我国书法艺术上表现出卓越的成就。”

弘祖在“写字的方法”中指出“字虽然写得不好，若是很有道德，那么他的字是很珍贵的，结果都是能够‘字以人传’”。我不敢奢望“字以人传”，但是我努力地增强自己的道德修养。见贤思齐，不仅临摹弘祖的书法，更重要的是学习弘祖的精神。

弘祖出家后，以艺术为方便，弘扬佛法，庄严国土，摄受众生。我没有办法像我的祖父那么有才华，做不到这么伟大，但我努力争取做得最好。尽管临摹的字体功力不够，但我以此作为修行的一种方式，静下心来，一心不乱，方可写出成绩。现在我借先人的德行，享受福报，享受因果。因此，平时写字常写“惜福”两字，送与大伙儿结缘。我也时常提醒自己要惜福，在我的办公室门上自己书写“惜福”两字，以示提醒。

访谈结束之际，本想请李女士题字留念，她说这几天感冒严重，再加上没有准备，很难静下心来，恐怕写不好。于是，她从办公室里拿出几幅原先书写的弘体作品，让我挑选。我便选了一幅“清凉明月”，留作珍贵的纪念。

1931 年 9 月，李叔同应夏丏尊、刘质平两人的请求，在浙江慈溪白湖金仙寺创作了《清凉》《山色》《花香》《世梦》《观心》等五首歌词，把歌词交给刘质平及其学友作曲。后来，这五首歌曲被称为“清凉歌”。其中第一首《清凉》的歌词便是：

《清凉明月》（李莉娟书）

清凉月，月到天心，光明殊皎洁。今唱清凉歌，心地光明一笑呵。清凉风，凉风解愠暑，气已无踪。今唱清凉歌，热恼消除万物和。清凉水，清水一渠，涤荡诸污秽。今唱清凉歌，身心无垢乐如何。清凉，清凉，无上究竟真常。

《清凉》的歌词，很深很远，让人回味无穷。其实，弘一大师和丰子恺，他们传奇的艺术人生和师生情缘，犹如一轮明月，无上清凉，直耀天心。

2020 年 2 月

白马湖滨何处是

——经遵义谈伯祖父经亨颐与丰子恺

创刊于1922年10月的《春晖》，是上虞白马湖春晖中学的内部刊物。1922年12月16日出版的《春晖》刊登了两幅画：《经子渊先生底演讲》和《女来宾——宁波女子师范》。据学者研究，这两幅是迄今为止发现的丰子恺最早发表的漫画。

漫画《经子渊先生底演讲》寥寥几笔，勾勒出了一个在讲台前作报告的儒雅先生。这位先生就是春晖中学的校长经亨颐。

后来，丰子恺在《我们的七月》上公开发表第一张漫画《人散后，一钩新月天如水》，这幅漫画则是丰子恺在白马湖边畅饮后获取灵感的即兴之作。子恺漫画在白马湖发源。丰子恺与春晖结缘，离不开夏丏尊，也离不开经亨颐。而丰子恺与夏丏尊、经亨颐的情缘，早在杭州浙一师就已开始。

2020年6月11日，夏日炎炎，我赶去上虞采访了经亨颐侄孙经

《经子渊先生底演讲》（丰子恺作）

遵义先生。请他畅谈丰子恺与经亨颐、春晖及白马湖的故事。

经遵义：经亨颐是我的伯祖父。我十分敬重这位长辈，他秉直、无私、革新的精神，可称人世楷模。经亨颐 1877 年出生于上虞一个传统的书香世家。1903 年赴日本留学，曾结识孙中山，参加同盟会。1907 年，一度中断学业，担任正在筹建的浙江两级师范学堂的教务长。次年再度留学日本，改读数理。于 1910 年毕业后继任两级师范学堂教务长、校长，浙江第一师范校长，并任浙江教育学会会长，成为浙江教育界核心人物。

经亨颐在浙一师推行“全面发展”的教育方针，提倡培养德、智、体、美、群五育，尤其看重德育，强调人格养成，提出“凡学校皆当以陶冶人格为主”。经亨颐亲自为浙一师

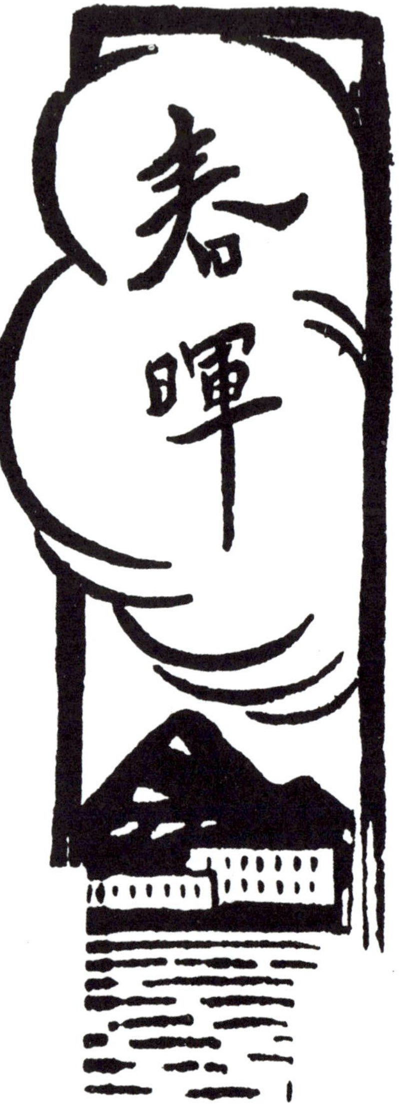

《春晖》题图（丰子恺作）

制定了“勤、慎、诚、恕”四字校训，引用《论语》《中庸》《韩非子》《周书》等经典解释为什么订立这四字校训，并亲手书成，刻成一匾，悬挂于一师礼堂。作为校长，经亨颐以他出众的个人才能、人格魅力和全新的教育理念，在浙一师聚集了一大批德才兼备的教师，形成了良好的校风和教育氛围。

1914年，17岁的丰子恺考入浙一师。丰子恺求学浙一师的这些年，年轻的校长经亨颐提出教育要“与时俱进”的主张，推动学术开放，竭力提倡新文化，他主持的浙一师成为江南新文化运动的一面旗帜。经亨颐大胆改革教育，如他认为教师到处兼课，会影响教育质量，他便推行教师专任制；又如他推行学生自治，让学生自已管自已；还改革国文教学、试行学科制等。这些改革不断为浙一师吹进新风，让丰子恺这帮学子们不断有新鲜感和兴奋点，这也可以从丰子恺回忆浙一师和老师、同学的许多文章里充分感受到。

丰子恺五年的师范学习，不仅是知识、技能的全面积累与长进，也是他沐浴师恩、养成高尚人格的重要时期。在浙一师，经亨颐校长和夏丏尊、李叔同、姜丹书、单不庵等老师给丰子恺留下很深的印象。而给丰子恺的人生观、价值观、艺术观带来巨大影响的是李叔同。经亨颐与李叔同的感情也非常好，我曾经写过一篇文章讲他们俩是艺术之交、性理之交、君子之交。正是经亨颐非常强调艺术教育，十分重视美术、音乐、手工等科的开设，并设法聘请优秀教师任教的一系列举措，才把李叔同请到了浙一师担任美术、音乐老师。李叔同提出备好钢琴之类的要求，学校都做到了。有了经校长的倡导、支持和李叔同、姜丹书等老师的革新实践，一师艺术教育面貌大改，因而培养了如丰子恺、刘质平、潘天寿这样的艺术顶尖人才。

遗憾的是，经亨颐的一些革新理念和实践得罪了顽固的当局。1920 年在震动全国的“一师学潮”后，经亨颐离开一师，回到家乡主持始于 1919 年的春晖中学筹建工作。我的祖父经亨鼎在 1919 年也曾陪同其兄经亨颐一同拜访陈春澜，商谈办中学事宜。1921 年春，春晖中学筹建就绪，在湖南第一师范任教的夏丏尊因老友经亨颐之聘返回家乡，任教于春晖中学，并任出版部主任，主编《春晖》半月刊。春晖中学于 1922 年首次招生开学，经亨颐是董事兼首任校长。以经亨颐和夏丏尊为核心集结了一大批志同道合的新文化人合力铸造春晖中学，并形成了具有强大生命力和广泛影响力的白马湖文化。正如邵力子先生所说：“春晖中学则成为子渊先生欲实现其治学治校之精神与方法之地。”春晖“与时俱进”的办学思想，“智、德、体、美、群”全面发展的方针，男女同校的新时代精神，民主治校的管理模式，以及任人唯贤、聘用进步教师的人事制度等等，在全国中等教育界都产生了标新立异的轰动效应。

丰子恺与经亨颐、夏丏尊的缘分，在春晖园有了新的延续。1922 年初，丰子恺辞去了上海专科师范的教职，经夏丏尊推荐，被经亨颐聘到春晖中学当老师。经亨颐依然重视艺术教育，希望丰子恺把春晖中学的艺术教育带起来。在春晖中学，当时最大的两个教室就是音乐教室和美术教室，设备也齐全。丰子恺在春晖中学教音乐和图画，有时也兼任英语课老师。他教学生画石膏头像、写生素描，生动的讲课风格深受学生喜欢。春晖中学还组建了各种艺术团体，文艺活动不断，在宽松、自由、充满个性色彩的教育氛围里，激发了学生对艺术的向往和创造热情。可以说，丰子恺奠定了春晖中学艺术教育的基础。

从1922年到1924年12月，丰子恺任教春晖中学期间，是丰先生艺术的起步和发力阶段。丰子恺的第一张漫画《经子渊先生底演讲》，就是用在春晖中学的内刊里。丰子恺为什么画经校长？说明他内心很敬重校长，认可经校长的教学理想、教学理念和教学水平。他公开发表的第一张漫画则是《人散后，一钩新月天如水》。子恺漫画在春晖中学发源，从此一发而不可收。

经亨颐先生是上虞著名乡贤，作为春晖中学的创办人，他在教育方面的贡献是最大的。他是教育革新的实践家。他为什么要办春晖中学？目的就是要改革中等教育。他在浙一师的改革受到多方面的限制，经历“倒经”风潮后，他下定决心创办私立的春晖中学，继续他的教育革新实践，放手改革。学校“反对旧势力，建立新学风”，自订学则，自定课程，自选教材，自聘教师，出现全新的办学面貌。他有一个很重要的教育思想，就是反对“铸型教育”，正如丰子恺漫画反映的“印版”教育，学生是一个模子里刻印出来的那样。这从一个侧面说明，经亨颐和丰子恺的教育理念是相通的。也正是经亨颐有全新的教育理念，才能集合一大批优秀的知识分子从城里转来偏僻的春晖中学任教。名师壮大了春晖中学，春晖中学培养了名师。年轻的丰子恺来春晖中学任教，子恺漫画在春晖中学起步，这与春晖中学良好的环境是分不开的。

春晖中学的创立也是白马湖文化形成的重要标志。春晖中学创建之时，正是新文化运动如火如荼之日。以白话散文为主要形式的新文学流派应运而生。以夏丏尊、朱自清、丰子恺为代表的白马湖作家群以高雅的格调、清隽平淡的风格别树一帜，形成白马湖散文流派。属于这一作家群的还有俞平伯、李叔同、刘大白、郑振铎等，他们中多数为春晖中学教师。夏丏尊的《白马湖之冬》《猫》、朱自清的《春晖的一月》《白马湖》、丰子恺的《杨柳》《山水间的生活》等，都是以素净、清新的白马湖为题材的脍炙人口的作品。丰子恺最爱的就是春天的杨柳，他在白马湖畔插植杨柳，并将自己的寓所称为“小杨柳屋”。他曾这样赞美杨柳：“湖岸的杨柳树上好像挂着几万串嫩绿的珠子，在温暖的春风中飘来飘去，飘去许多弯度微微的S线来，觉得这一种植物实在美丽可爱，非赞它一下不可。”

白马湖的文化名人，大多爱喝酒。经亨颐、夏丏尊爱喝黄酒，丰子恺也爱喝黄酒。以酒会友，以酒激发文艺创作的雅兴，以酒庆贺工作成功或舒缓工作劳累，这也是白马湖文化的特点。朱光潜曾写道：“同事夏丏尊、朱佩弦、刘薰宇诸人和我都是丰子恺吃酒谈天的朋友，常在一块聚会。我们吃饭和吃茶，慢斟细酌，不慌不闹，各人到量尽为止，止则谈的谈，笑的笑，静听的静听。酒后见真情，诸人各有胜概，我最喜欢子恺那一副面红耳热，雍容恬静，一团和气的风度。”经亨颐的诗、画大都是与朋友饮酒后所作，从而留下许多脍炙人口的诗篇佳作，我想这里面定有丰子恺一起畅饮的场景。

在白马湖，曾有夏丏尊、丰子恺、朱自清、朱光潜四友沽酒轮流做东的佳话。有一天，“白马湖四友”相约，每人买一坛酒，好轮着到各家喝酒。便由丰子恺领头，踏着春晖马路，到离校最近的一家小店沽酒。掌柜姓姚，见几位长衫客走来，便笑脸相问先生们要买什么？丰先生说：“要买老酒。”掌柜又问：“先生买酒咋没带酒瓶？”夏先生接上去说：“不散沽，要整甏的。小甏绍兴花雕，一人一甏，有吗？”姚掌柜见有四位先生，为难着说：“酒倒是有四甏，但有一甏已被刚从宁波回家的经校长订走了，他要派人来取的。”四先生一听，一时也愣了。还是夏先生想了个主意：“这样吧，这四甏今天我们都要了。如经校长来取，就请他到我家来。”大家也都赞同。于是，他们每人抱一甏酒，说说笑笑、走走停停回家。第一轮从夏先生家开始。这夜畅饮，酒兴更浓，话题更多，而重点又回到了丰子恺的画上。当时，朱自清正在与俞平伯合编刊物，他希望丰子恺为刊物供稿和插图。夜深酒酣，大家带着浓浓的酒意回家。丰子恺在回家路上见一弯新月，于是来了灵感，回家后再磨墨铺纸，创作了《人散后，一钩新月天如水》。这是丰子恺第一幅公开发表的漫画。白马湖宁静的“山水间的生活”和自由自在的文化氛围，大大激发了丰子恺的艺术灵感。

有人说，后来经亨颐似乎与春晖中学的教师关系不是很密切。特别是 1924 年 12 月发生了“乌毡帽事件”后，一批年轻教师相继离开了春晖中学，有人就说春晖中学从此不再辉煌。我认为不是这样的，这批名师已经在这里打好了文化基础，而且这批名师不是离开就不回来了。其实，他们是经常回来的。譬如说，1928 年底，经亨颐、夏丏尊、丰子恺等 7 人联手发起

《人散后，一钩新月天如水》（丰子恺作）

集资，在白马湖畔为弘一法师建造了晚晴山房，说明他们还是志同道合的。1929年弘一法师50岁寿辰时，经亨颐特地回白马湖在长松山房为弘一法师祝寿，应邀出席的有夏丏尊、刘质平、李鸿梁等友生们，大家吃素面，热情而亲切。同样，1930年，夏丏尊45岁生日，他专程从上海赶回，邀弘一法师、经亨颐到他家里“共餐素食，共庆生日”。虽然，丰子恺没有参加这两次活动，但他对白马湖，对白马湖期间的师友情谊还是很深的，一直念念不忘。李叔同定居白马湖晚晴山房时，与丰子恺、刘质平等人的书信来往是最多的。

还有一件事从一个侧面说明，经亨颐和丰子恺的师生关系是很好的。经亨颐先生在1928年写过一首诗《柳蓼》：“先生学种先生树，春色秋光两澹如。白马湖滨何处是，小杨柳屋蓼花居。”这首诗出来后，有人曾猜测“蓼花居”是何香凝的故居双清楼。这是一个误解。其实，《柳蓼》早写于1928年，何宅迟建于1929年，何宅怎么可能是诗中的“蓼花居”呢？我在春晖100周年校庆时做了调查考证，我联系吴梦非女儿吴嘉平，从她那儿了解到，吴梦非是弘一法师的第一批学生，当年丰子恺离开春晖中学后，经亨颐想到他并聘请他来接替丰子恺，担任美术老师，就住在小杨柳屋。吴梦非的夫人王元振也跟着来一起住，她是个诗人，看到屋前有一片蓼花，很喜欢这个地方，于是把小杨柳屋改成了“蓼花居”。吴嘉平寄来她母亲的两篇遗作，其中一篇是加有长序的《题白马湖蓼花居》长诗，把“蓼花居”的来由说得清清楚楚。后来，我又从吴梦非、王元振的作品汇编《圆梦集》中惊喜地发现吴梦非也有作蓼花居诗，诗序言："白马湖'小杨柳屋'，为友人丰子恺故居，1926年我居是屋，改题'蓼花居'。"由此可见，小杨柳屋就是蓼花居，蓼花居就是小杨柳屋。李叔同的两位得意门生，德艺双馨的艺术天才丰子恺、吴梦非，先后执教春晖中学，并住同屋，是白马湖的佳话。经亨颐校长写《柳蓼》诗称赞，与其说经校长是赞小杨柳屋、蓼花居为白马湖滨之"是"，不如说是称道两位屋主丰子恺和吴梦非。

经亨颐是一位教育家，当他从教育转向政治，对从政有些遗憾时，又转向艺术，这是他人生的第三步。经亨颐自幼喜爱篆刻，他是西泠印社早期社员之中坚。又有很好的书法功底，有一手漂亮行草，他的书法雄健古朴、自然大气，真书如其人。自谓"五十学画"的经亨颐，因他的书法功底和艺术天赋，使他的画作亦有很高的艺术水准。1928年底，他和何香凝等人在上海创办了艺术团体"寒之友社"，经亨颐任社长，意在以艺术抗击政治寒流。丰子恺也参加其中，这也说明师生两人依然保持很好的关系。经亨颐与当时众多诗、书、画大师们交往甚契，常在上海、南京和白马湖等地雅集艺友。1929年秋，经亨颐的"长松山房"在白马湖畔落成，更成了文人雅集的佳地。

虽然丰子恺先生仅在春晖中学执教三年，但他对春晖中学有深深的感情。1961年，春晖中学举办四十周年校庆，丰子恺专门送来一张画《饮水思源》，表达对春晖校庆的祝贺和感恩。可惜，这幅画后来不知去向。我也只是听说过有这幅画，但没看到过。

值得庆幸的是，历经近百年变迁，当年丰子恺先生居住的“小杨柳屋”，依然在白马湖畔保留着原样。经宅“长松山房”、校长住宅楼“山边一楼”、何香凝别墅“双清楼”、夏丏尊故居“平屋”、弘一法师禅室“晚晴山房”……白马湖畔众多的名人故居，是新文化的标志之一，是揭示白马湖文化神韵的密码。可惜，随岁月流逝，这些建筑中只保存着平屋、小杨柳屋和山边一楼。丰先生当年以孟郊《游子吟》为词谱写的春晖校歌旋律依然激荡人心。如今先生远去，但他的散文还在，他的漫画还在，与小杨柳屋与白马湖一起，熠熠生辉。

美育，是经亨颐始终提倡的教育内容。他认为艺术熏陶是一种最有效率的德育。他说：“艺术教育之所谓美，非狭义之美，与人格有密切之关系者也。”重视美育，在春晖中学已是一种传统，一种自觉。荣幸的是，我曾在春晖中学讲授美术欣赏课，发扬传统，联系实际，把在引导学生欣赏美术中恰当渗透德育作为己任。如今，我的儿媳董妍也担任了春晖中学的美术教师，努力传承着春晖的美育精神。她对丰子恺也很喜欢和崇拜，并将这份情感融入日常的美术教育实践中。她做的一个“丰子恺艺术教育课题”曾到浙江省里交流展示，并得奖。

我是 1953 年到 1959 年在春晖中学读了六年书，1982 年到春晖中学当老师。后来担任过校长办公室主任，从而对春晖中学的历史有了更多的了解和研究，发表了一系列有关春晖文化的文章，发现春晖非常了不起。当年，朱自清曾用一句“美的一致，一致的美”，对春晖的环境和氛围作了最高的点评。经亨颐、夏丏尊、朱自清、丰子恺等众多早期春晖人散发出中国现代教育与新文化运动的新春光芒，在白马湖畔竖立起一座教育与精神的丰碑，代代相承，薪火不断。

访谈结束之际，我请经遵义先生题字留念。经先生不假思索，挥笔写下：“大师丰先生，情系白马湖。”

2020 年 11 月

“姜丹书是吾的老师”

——姜书凯谈父亲姜丹书与丰子恺

众所周知，弘一法师是丰子恺的艺术老师和人生导师。而鲜为人知的是，丰子恺在浙江一师读书时，还有一位艺术启蒙老师，那就是姜丹书。

2018 年 11 月 30 日下午，经叶瑜荪老师推荐，我按约访谈了姜丹书之子姜书凯先生。在杭州江城路丽园的家里，姜先生深情介绍了父亲与丰子恺的师生情缘。

姜书凯：我从小就仰慕丰子恺先生。在我五六岁时，父亲正在上海美专教书。有一天，父亲带回来一本《良友画报》，里面刊登了丰先生的一幅四联漫画，画两个小孩在看天上白云的变化，白云随风吹送，不断变幻，演绎出一男一女由爱到恨的变化过程。这幅画在我幼小的心灵里刻下深刻印象，由此也

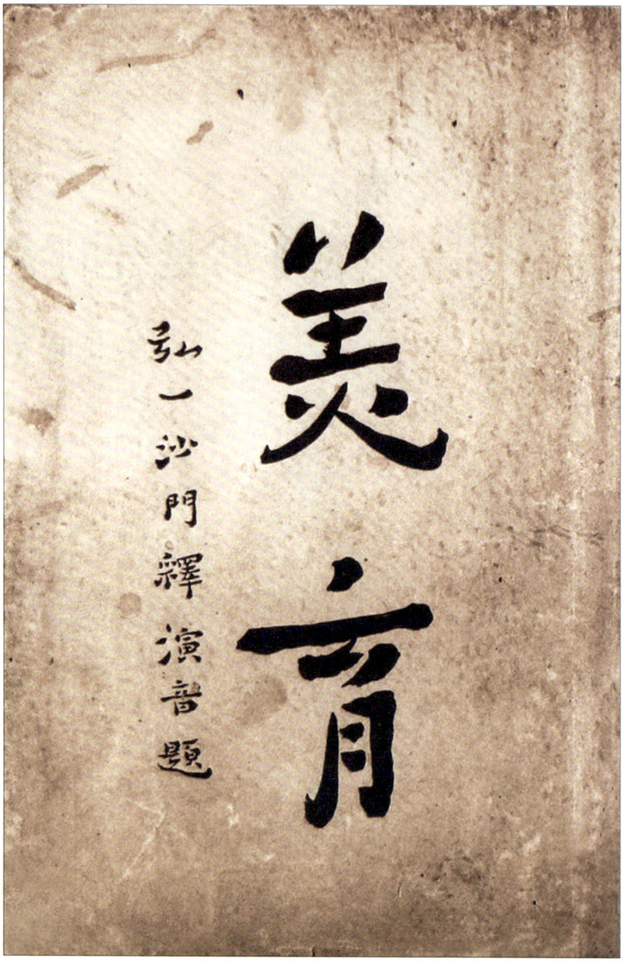

《美育》（弘一法师题）

记住了丰子恺。后来，看到了更多的丰先生漫画，并知道了他原来是我父亲在浙江一师教书时的学生，这从感情上又拉近了一点。

我父亲原籍江苏溧阳，出生于1885年。1911年7月，父亲从两江师范学堂图画手工科毕业后，应聘到杭州浙江两级师范学堂（后改为浙江省立第一师范学校）任教。在这以前，该校艺术课程都聘请日本教师担任，我父亲作为我国第一代自己培养出来的艺术教育师资，挑起了艺术教育课的重担。父亲曾笑说："经亨颐先生爱用国货，我们是国产的，取代了日本人。"

1912年秋，李叔同先生也应聘到浙江一师任教图画和音乐，我父亲教图画和手工，父亲生性乐天、健谈，他上课时，教室气氛活跃，颇受学生欢迎。作为学校专任的艺术教师，父亲和李叔同两人志同道合，认真教学，共同培养出一批像丰子恺、潘天寿这样后来成为艺术大家的优秀人才。

父亲曾在《我与丰子恺》一文中回忆："大约民国三年，子恺才十七岁，初以第一名（按《丰子恺传》记载，应为第三名）考入杭州省立第一师范学校肄业。他各门功课都好，而于文艺尤为资性所近，格外见长。那时，校长是经亨颐先生，学风正当隆盛之时，艺术教师是我与李叔同二人，叔同教图画音乐，我教图画手工。子恺的音乐，是叔同所教，图画是我们二人所教，但我只能是领领路，毕竟他的天才比我高，造诣也比我深了。后来他到日本去留学，当然是他大长进的所在。"

姜书凯对父亲与丰先生后来的交往情况熟记于心。

姜书凯：1919年7月，丰子恺在一师学成毕业。同年秋天，他与刘质平等在上海共同创办上海专科师范学校，请我父亲去当校董。同年，还一起发起成立中华美育会，出版了会刊《美育》七期，对中国早期美育起了一定作用。

1927年，弘一大师曾到丰先生上海江湾家里住了一段时间，我父亲当时在雷峰塔倒掉后得一卷经卷，装裱好后请名人题字。父亲就专门赶去丰先生家里找弘一大师题字。

1935年后，丰先生常居石门湾缘缘堂，潜心写作、画画。1937年春天，我父亲专门到石门湾去看望丰子恺，老师过来，丰先生非常高兴，备了酒菜，师生二人一边喝酒一边聊天，以至小醉，一直到半夜才寝。第二天，丰先生购当地笆篮相赠，并送我父亲上船，直至船行才依依惜别。父亲回杭后作七绝二首：

至崇德县石门湾，访丰生子恺就宿其书斋缘缘堂

缘缘堂里不烹腥，买得盘飧一放觥。
半世情怀摅小醉，丰干敛舌已三更。

子恺赠笆篮送别语儿溪头

两岸青桑映碧流，故人送我上归舟。
同舱野叟欣然问，为底携篮忘钓钩？

这两首七绝收录在父亲的《丹枫红叶楼诗稿》中。前一首写出了师生两人亲密无间的浓浓情谊，后一首则表达了一个艺术老师对已卓然成家的学生的得意和欣慰之情。

20世纪30年代，日军入侵，抗战爆发，把丰子恺和姜丹书

都逼上了逃难之路。1937 年 11 月，当日军的炮弹落在费了半生心血建起来的缘缘堂附近，丰子恺一家仓促逃离石门湾，转杭州、桐庐、兰溪，出省经江西、湖南、广西、贵州直至重庆，一段历时近九年流离失所、奔波辗转的苦难日子，也被称为“艺术的逃难”。姜丹书则率全眷三代二十余人仓皇离杭，经严州、兰溪、金华、宁波，后逃至孤岛上海。兵荒马乱中，两人一度失去联系，但师生情谊从未断过。

姜书凯：大约在 1940 年至 1941 年，在上海任教的父亲得悉丰子恺远在贵州遵义，就写信联系。父亲在给丰子恺的信中附去《戏赠丰生子恺五首仿辘轳体寄遵义》诗，及一份鬻画润例。五首诗曰：

无家天下便为家，累得有家灶产蛙；
若说无家那有灶，未闻游子总餐霞。

未闻游子总餐霞，凤髓龙肝猫狗蛇；
俱是从来珍羞品，况今人亦吃人耶？

况今人亦吃人耶，菩萨无灵恣夜叉；
闻子开荦已四载，诛夷美髯废趺跏。

诛夷美髯废趺跏，心树灵根笔著花；
信使毁家纾得难，归来把酒话桑麻。

归来把酒话桑麻，此日心期路未赊，

昨听语儿溪客说，缘缘堂址满杈枒。

失散三年以后终于又联系上了，丰先生收到我父亲的信后，非常高兴，当即给我父亲回信。父亲十分珍惜这封复函，他在函件的空白处写道："此系抗战期中（约民国廿九、卅年间）子恺在贵州遵义浙大流亡校中寄我之复函，值得留念。"并珍藏了起来，我后来翻查父亲文集时才发现了这封信。

丰子恺在复信中讲述了"空手去乡"狼狈逃难的过程以及当时在浙大授课的近况，同时也回忆起我父亲访缘缘堂的情景，不禁感慨万千。当时缘缘堂已被焚毁，所以丰子恺关切地询问我父亲的画室丹枫红叶室是否无恙。对我父亲从报上得来的"开荤"和"剃须"的消息，丰子恺作了答复和辟谣。对我父亲附寄的鬻画润例，觉得有"嬉笑滑稽，如亲謦欬"之感。在他们的赠诗和复函中，可看出师生二人关系亲热，一点不见外，浓浓的相互关怀之情跃然纸上。

作为一个艺术老教师，父亲对学生丰子恺所取得的艺术成就评价非常高，也一直引以为傲。1946年9月，丰子恺经过两个多月的跋涉辗转，终于由重庆回到阔别已久的上海。10月中旬，丰子恺在上海大新公司举办个人画展，我父亲观后在报纸上发表了评论文章，对丰子恺的漫画作了高度的评价，他写道：

"隔昨，丰髯子恺的画展闭幕了，我看了以后，确认他是个当今第一流漫画家。他的画，妙在能深入显出。从浅说，人人看得懂，而有趣味；从深说，能打入人人的心坎里。无论你是深人或浅人，都能感觉到至情至理，此即所谓有感兴、有生命的作品。”

“他所作的《护生画集》(他作画、弘一题辞，开明书店出版)真是一部觉世经，任你是什么人，看了他这些作品，没有不被打动善心的，此亦可谓艺以载道了。”

“他的画，以粗线条的略写人物为主，尤妙在思想深刻的简单题辞，例如此次画展中的《三十四年八月十日》《狂欢之夜》《一人出亡十人归》《爸爸回来了》等图，以灵捷的技巧，表现现实的情绪，真是拿龙之手！他的写景，不用中国画的老调，但又不是变相的水彩画，确是自成一家的时代的作风。总而言之，他的画之好处，是在三分画面、七分思想，合成十分饱和。”

新中国成立初期，父亲与丰先生虽都住在上海，但见面并不多，通信较多。1951年，父亲将过去陆续写成的《经亨颐传》《弘一大师传》《夏丏尊传》重新加以整理，并合订成《浙师三友传》，寄托对三位亡友的哀思，并寻求出版的机会，以向世人广泛介绍他们的生平事迹和对社会的贡献，考虑到丰先生与出版界联系较多，所以将文稿寄给了他。丰先生即复函说“已拜读，甚是钦佩”，也委婉表示“惟目下国家急务尚多，无人顾及”，并用挂号寄回，请我父亲查收珍藏为荷。但也正如丰先生所预料的“他日承平，必被欢迎出版也”，二十世纪八九十年代，父亲写的这三篇传记都得以出版。

姜书凯对丰子恺先生非常敬重和仰慕，谈到与丰先生的数次见面，他印象深刻，记忆犹新。

姜书凯：我第一次见到丰先生是1956年暑假里，我父亲为给他的老师李瑞清（清道人）画纪念像，要去丰子恺家里探讨。当时正读中学的我自告奋勇要跟随父亲同去。丰先生在日月楼一楼的客厅热情地接待了我们，他的头发和胡子已显灰白，戴一副眼镜，十分慈祥。他招呼我父亲坐下，叫人沏上茶，师生二人就开始交谈。我见茶几上放着一本外国的儿童寻宝小说，就津津有味地看起来，直到父亲告辞时才依依不舍地放下书跟父亲回家。

为了李瑞清画像，他们师生二人还频繁通信，我家里至今还珍藏着丰先生的两封复函。从第一封复信内容看，大概是我父亲索要丰先生画弘一法师像的石刻拓本或印刷品，以作为李瑞清画像的参考。丰先生因手头没有拓本或印刷品，就将留稿寄给我父亲作参考，他还特意在“留稿”两个字的旁边画了圆圈，以提醒我父亲及时寄还，以防不慎遗失，从中也可看出丰子恺对老师的尊重和信任。

后来，丰先生画了一张李瑞清的像，但李瑞清在1920年已逝世，丰先生与这位“太老师”并不认识，所以画像大概尚不能表达出我父亲心目中李瑞清老师的精神面貌。我父亲就在丰画的基础上改画了一张，并将画寄给了丰子恺。为此，丰先生又复函我父亲：“姜老师：画像线条改细，很好很好，而且很像。不过直书‘丰子恺敬绘’，恐不符实。因为我不会画细线，读者要怀疑的。鄙见请加‘姜△△改作’字样，较为符实。不知尊意如何？况且，您画的比我画的更像，所以我不敢掠美也。”

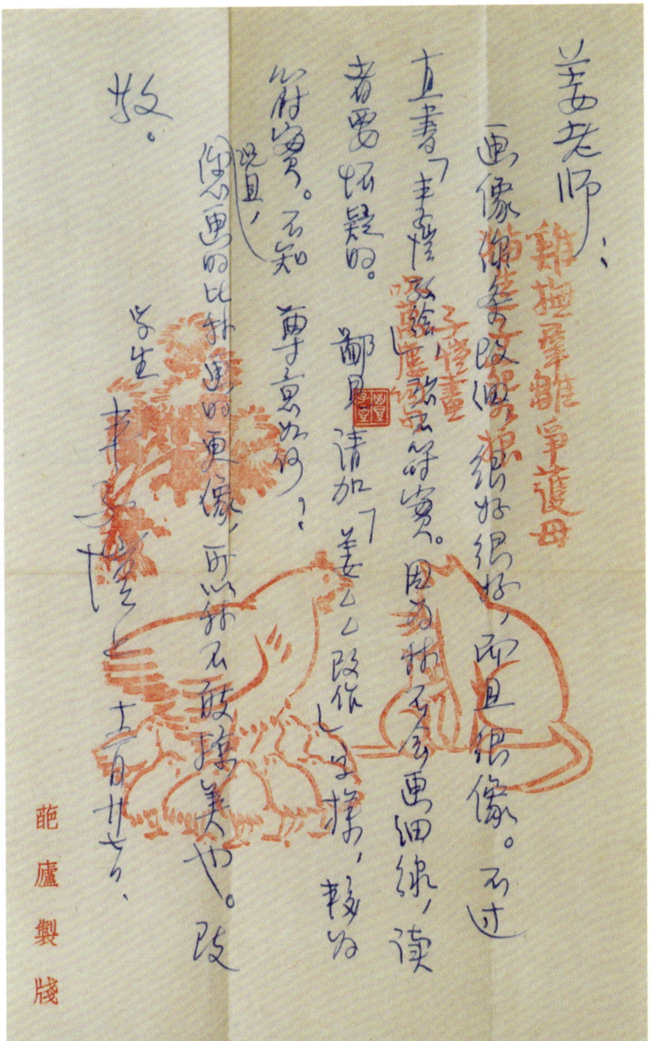

姜老师：

画像缩小后改细，很好很好，而且很像。不过直书"丰子恺收藏"恐不妥当。因为我不会画细线，读者要怀疑的。鄙见请加"姜丹书改作"字样，较为妥当。不知尊意如何？况且，你画的比我画的更像，所以我不敢掠美也。改教。

学生丰子恺上 十二月廿七日

丰子恺致姜丹书书函

丰子恺赠姜书凯《锣鼓响》漫画册页

从中可见丰先生谦虚、认真的态度以及对老师的敬重。

1973年春节，我由丽水回杭州老家过年，碰到杭州大学的毛昭晰老师，我谈起我父亲生前曾答应请友人、学生画一本册页送给我，可惜只请张宗祥、申茂之两位先生各画了一页，父亲就于1962年6月突发心肌梗死去世了，为此我深感遗憾。在毛老师的鼓动下，当年初夏我即赴上海，先后请了唐云、来楚生等书画家在册页作画，并请来楚生给丰先生写了一张便条。

大约在六七月间，我携册页到丰宅求见丰先生，当时日月楼一楼已被人挤占，我由后门登楼，丰先生在二楼室内小阳台书斋内接见了我。当我递上来先生的便条并作了自我介绍后，丰先生立即用浓重的石门口音说："姜先生是吾的老师。"当时丰先生告诉我，他刚从"牛棚"放出来不久，身体状况尚好，并说自己血压偏低，是长寿的征兆。我凝望着丰先生清癯的面庞，头发和胡须白了不少，依旧戴着眼镜，一副和蔼可亲的样子。他指着放在房内的一架钢琴说：这架钢琴才花了300元买的，真便宜！不知是谁家被抄家的东西……他又说，现在画院每月只给他150元生活费，但已够用了，画院也不要求他天天都去上班，他可以比较自由地安排自己的工作和生活。末了，他要我把册页留下，嘱我过一个星期再去他家取。

我遵嘱一星期后再去丰宅，丰先生已在册页上画了一张情趣盎然的《锣鼓响》漫画，这是丰先生画得较多的儿童画题材，俗话说："锣鼓响，脚底痒。"画面上一个活泼可爱的孩子，左手指着前方正响着热闹锣鼓声的地方，右手拽着外婆往前走，外婆右手摇着蒲扇，左手牵着外孙亦步亦趋地往前走。丰先生用寥寥数笔将孩子的急不可耐和老人的安详被动表现得淋漓尽致，看到这幅画，便使人似乎听到远方有隐隐约约的锣鼓声传来。丰先生还客气地题上“书凯贤兄雅属”，并钤上“石门丰氏”和“子恺漫画”两枚常用印章。我拿到册页欣喜若狂，因为这是我多年的梦想，我再三向丰先生道谢，他却淡淡一笑说：“给你留个纪念。”当时我父亲已谢世十一年，丰先生又关切地询问我母亲的近况，并要我回杭州时代为问候。

可惜之后我就没有机会再见到丰先生了。1975 年 9 月丰先生去世，远在外地工作的我直到年底才知道。后来，我与丰先生的子女丰一吟等见面较多。1998 年 11 月，我还曾到桐乡参加丰子恺先生诞辰 100 周年纪念活动。一晃又是二十年过去了，许多事情依然历历在目，终生难忘。

访谈结束之际，姜书凯先生在长卷上题写：“缘缘堂里不烹腥，买得盘飧一放觥。半世情怀摅小醉，丰干饶舌已三更。”并落款：“录先严丹书公一九三七年初去石门湾访缘缘堂后写赠丰子恺的一首诗。”姜书凯以此缅怀和纪念父亲与丰子恺先生深厚的师生因缘。

2019 年 2 月

“我自觉为他所征服”

——郑源谈爷爷郑振铎与丰子恺

丰子恺的“朋友圈”很广。同样出生于1898年的郑振铎，与丰子恺的朋友情谊更是非同一般。

“郑振铎是真心喜欢丰子恺的漫画，是第一个发现丰子恺漫画价值的人，也是第一个在媒体上传播丰子恺漫画的人。”钟桂松在《丰子恺与杭州》一书中，曾这样评述：“郑振铎对子恺漫画的发现、鼓励和推动传播，真算得上是一个伯乐式的朋友，能有这样的胸襟提携朋友，难能可贵。所以，郑振铎的古道热肠，让讷于言的年轻丰子恺有点如沐友情春风的感觉。”

1925年11月9日郑振铎在《子恺漫画》序中写道：“中国现代的画家与他们的作品，能引动我的注意的很少，所以我不常去看什么展览会，在我的好友中，画家也只寥寥的几个。近一年来，子恺和他的漫画，却使我感到深挚的兴趣。我先与子恺的作品认识，以

《我们的七月》

后才认识他自己。第一次的见面，是在《我们的七月》上。他的一幅漫画《人散后，一钩新月天如水》，立刻引起我的注意。虽然是疏朗的几笔墨痕。画着一道卷上的芦帘，一个放在廊边的小桌，桌上是一把壶、几个杯，天上是一钩新月，我的情思却被他带到一个诗的仙境，我的心上感到一种说不出的美感……”

2019 年 5 月 16 日，郑振铎的嫡孙郑源先生专程赶来杭州，参加“不畏浮云遮望眼——丰子恺的浙大缘与温州情”展览和座谈，我在浙大图书馆里访谈了郑源先生。

郑源：我爷爷是 1958 年去世，我是 1962 年出生，我没有见过我爷爷。但我奶奶和曾祖母还在世，我对爷爷的印象很多是从她们那里获得的。我爷爷是我曾祖母最宝贝的，我又是爷爷唯一的孙子，我们家是世代单传，曾祖母对我也是深爱有加。

那个年代，我爷爷的很多朋友还在世，如叶圣陶、茅盾、巴金、冰心等。他们有时候也到我家里来看望我奶奶，我也会陪着奶奶和我父亲去他们家作客，从他们互相拜访聊天中，我知道了我爷爷的一些情况，当然也不是很多的。我父亲对我爷爷知道得更多些。后来，我帮助父亲整理我爷爷的资料，从中也更多地了解了爷爷。

我爷爷与丰子恺先生是以画结缘，以文结友。爷爷先与子恺的作品认识，是在 1924 年，我爷爷从朱自清主编的《我们的七月》杂志上看到了一幅署名 TK 的画——《人散后，一钩新月天如水》，他被这幅画所吸引，爷爷找到朱自清就问：TK 是谁？朱自清告诉我爷爷：TK 是丰子恺，在春晖中学教书。从此，我爷爷知道并记住了丰子恺，又通过胡愈之等人去向丰子恺约画。

丰子恺陆陆续续画了一些画，我爷爷把它们作为他主编的《文学周报》里的插图发表，爷爷觉得“这些漫画，没有一幅不使我生一种新鲜的趣味。我尝把它们放在一处展阅，竟能暂忘了现实的苦闷生活”。爷爷给这些画冠以“漫画”题头，名曰“子恺漫画”。从那以后，中国语言文字里有了“漫画”这个词。

我爷爷与丰子恺更深入的接触，是在丰子恺辞掉了春晖中学教职，去上海创办了立达学园之后。1925年初，我爷爷知道这消息后，就约丰子恺见面。爷爷曾写道：“他的面貌清秀而恳挚，他的态度很谦恭，却不会说什么客套话，常常讷讷的，言若不能出诸口。我问他一句，他才朴质的答一句。这使我想起四年前与圣陶初相见的情景。我自觉为他所征服，正如四年前为圣陶所征服一样。我们虽没谈很多的话，然我相信，我们都已深切的互相认识了。”

初次见面后没几天，爷爷写信问丰子恺：“你的漫画，我们都极欢喜，可以出一个集子么？”丰先生回复：“我这里还有许多，请你来选择一下。”在一个星期日，爷爷便和叶圣陶、胡愈之一起到江湾立达学园去看画，丰先生把他的漫画一幅幅立在玻璃窗格上，桌上也放了好些。爷爷在《子恺漫画》序言里描写当时的情景：“我们看了这一幅又看了那一幅，震骇他的表现的谐美，与情调的复难，正如一个贫窭的孩子，进了一家无所不有的玩具店，只觉得目眩五色，什么都是好的。”“当我坐在火车回家时，手里夹着一大捆的子恺的漫画，心里感着一种新鲜的如占领了一块新地般的愉悦。”1925 年 12 月，这些画以文学周报社的名义结集出版，这册最初出版的漫画集得到了朋友们的热情支持，为之作序写跋的除了我爷爷郑振铎，还有夏丏尊、朱自清、俞平伯等人。

从此，爷爷与丰子恺结下深厚友谊。他们是文友，也是酒友，两人酒量都不错。有一次，我爷爷在上海日升楼前遇见丰子恺，爷爷希望丰子恺一起去喝酒，于是他俩便走到新世界对面的晋隆西餐馆楼上，点了两客公司菜，要了一瓶白兰地。结账时，我爷爷发现没带钱，问丰子恺：“你身上有钱吗？”丰子恺说有，掏出五元钱买了单。第三天，我爷爷再到江湾看望丰子恺，并拿出一张十元钱说：“前天要你付账，今天我还你。”丰子恺笑着说：“账回过算了，何必还我？更何必加倍还我呢？”两人正在推辞时，在旁的同事刘薰宇抢过这十元钱说：“不要客气，到新江湾小店里吃酒吧。”于是，他们再号召了夏丏尊、匡互生等七八个人，又充满欢乐地喝了一场酒，全体皆是烂醉。

抗战时期，丰子恺携老扶幼一路逃难，到过很多地方。我爷爷是当时上海抗日救亡运动的领导人，秘密地在上海进行抗日救亡运动。上海沦陷后，他隐姓埋名留在孤岛上海，抢救大量正在被外国人掠夺的中国古籍善本。1948 年，抗战已经胜利，我爷爷与丰先生已经 10 年没有见面。

丰子恺曾写过《湖畔夜饮》，记述他们在西湖边丰先生家里畅饮的情景。那次，是我爷爷跟开明书店总经理范洗人到杭州办事，住在葛岭饭店，就是现在的抱青别墅。晚上，我爷爷去丰先生家，丰先生正好送客出门后到西湖散步，两人没有见到。

《风雨故人来》（丰子恺作）

丰子恺回家，听家人说，刚才有个叫“CT”的人来家找过他，丰先生觉得当天已晚不便再去打扰。于是，第二天一早，丰子恺就到葛岭饭店找我爷爷，我爷爷正好也一早出门了，两人又没碰上。丰先生留了一张名片说：等你回来后到我家里来喝酒。

丰先生在家左等右等不见我爷爷来，晚饭时自己在家喝上了，已经喝了一斤黄酒。我爷爷和朋友在外面一起晚餐，也已喝了一斤酒。酒后，我爷爷没有回饭店，直接又去丰子恺家了。老朋友久别重逢，格外高兴，丰先生让家人端出四样菜和老酒，两人接着喝酒。阔别十年后重逢，尽情话旧，可惊可喜、可歌可泣的话，越谈越多。酒酣耳热的时候，两人的话声都变成了呼号叫啸，把睡在隔壁房间里的人都惊醒了。

喝酒之余，我爷爷提出要看看《子恺漫画》里的三个主角：阿宝、软软和瞻瞻。丰子恺便喊在家的瞻瞻、软软出来“参见”。我爷爷用手在桌子旁边的地上比比，说：“我在江湾看见你们时，只有这么高。”于是，大家笑了。“这种笑的滋味，半甜半苦，半喜半悲。所谓‘人生的滋味’，在这里可以浓烈地尝到。”后来丰先生有感而写《湖畔夜饮》，一篇诙谐而优美的散文，传颂至今。

我爷爷和丰子恺先生是同龄人，去年是他们诞辰120周年。国家图书馆举办了郑振铎诞辰120周年系列活动，在香港、杭州、北京、桐乡等地举办的丰子恺诞辰120周年活动也是有声有色。这是当今时代对丰子恺、郑振铎等这些已故文化人的致敬和怀念。他们这一代文化人，不管在什么年代、什么困难的情况下，作为文人的骨气始终都在。虽然他们不能像战士一样在战场冲锋陷阵，但他们都用文人的方式，用文化的力量，与侵略者抗争，与困难抗争，展现爱国的热血和民族的气节。爷爷不惜用自己的生命，去保护和抢救祖国的文化遗产，不让其流落到外国人手里。爷爷坚信，只要文脉不断，这个民族就是有希望的，任何力量打不垮的。这非常值得我们去传承与弘扬。

2018年12月29日，我应邀参加了在温州举办的“春风到我庐——纪念丰子恺诞辰120周年师友书画展”，也是第一次与丰子恺、朱自清先生等前辈的后人有了接触和交流，一起细述祖辈们的陈年往事，格外亲切与难忘。从那以后，我们之间的交往、联系就多了起来，几乎成了一家人了。今天也是应邀而来，再次共同见证丰先生与浙大和温州的情缘。

2018年12月，福建人民出版社出版了我写的《郑振铎画传》。这本书从爷爷的家世求学、文学创作、文学编辑、大学执教生涯、学术研究、考古、社会活动与组织等方面，较为全面地描述了郑振铎的一生，展示了爷爷多方面多领域的贡献与成就，还配上了家里整理出来的200多幅珍贵照片。这些年，我提前退休后便沉下心来，多做一点与爷爷郑振铎相关的资料整理和研究工作，更多地传承与弘扬爷爷郑振铎以及他们这一代文化人的可贵精神。

2019年8月

护生之缘山高水长

——朱显因谈父亲朱幼兰与丰子恺

2018年10月26日，我趁去上海寻访丰一吟老师之际，曾专门找到陕西南路39弄93号，看看慕名已久的日月楼，可惜旧居早已不对外开放，只能在外徘徊观望，带着些许遗憾和无限的遐想，作别绿树掩映中的静静小楼。

而在12月8日，经叶瑜荪老师介绍，我联系访谈朱幼兰之子朱显因先生。他爽快答应，并提议在日月楼里见面，正中我意。

12月9日，戊戌冬天第一场雪后的初晴，有点冷，而我热切地期待走进日月楼，一睹丰子恺旧居的风貌。

下午2时，朱显因先生如约而至。我第一次以神往而景仰的心情走进日月楼。穿过拥挤而昏暗的一楼，朱先生带我参观了二楼的几个房间。在并不宽敞的阳台，原样摆着丰先生当年使用的小床、书桌，书桌上放着丰先生画像，我默默注目行礼。

《护生画集》

1954年秋，丰子恺先生迁居于此，这是漂泊一生的他居住时间最长的地方。这里也是丰先生最后定居之处，留下了人生最后20年岁月的悲欢离合。

小小的阳台，便是丰先生的卧室，也是书房，他自己取名为“日月楼”。马一浮先生以丰子恺吟句“日月楼中日月长”为下联，配上联“星河界里星河转”书赠丰先生。丰先生把此对联挂在书房中，并自书日月楼匾额，朝夕相对。

睹物思人，敬仰之情油然而生。

而后，我和朱显因先生落座二楼朝北的房间，开始访谈。

一段特殊的佛缘

朱显因：我父亲与丰先生的交往是一段特殊的佛缘。父亲十七岁时皈依高僧印光法师，法名智开。印光法师是弘一法师很崇敬的法师，他们俩都是民国四大法师之一。父亲对弘一法师也很崇敬，觉得生前没有见到弘一法师很是遗憾，他一直关注法师的学生丰子恺先生的动向。

父亲是在1957年认识丰公的。以前，丰老不大定居一地，在桐乡、杭州、嘉兴等地转来转去，到了上海也住过几个地方。直到1954年，才找了长乐村这个地方，这是丰先生住得最长，也是最后定居的地方。定居在这里有21年，时间比较长，并经历了很多风风雨雨。前十年比较顺，创作也到了高潮。后十年遇到“文革”，人生经历曲折。我家离日月楼比较近，从报纸上发现丰先生住这里，父亲慕名登门拜访。从此，基本上每周都来坐坐聊聊。

他们在佛教方面沟通较多。我父亲早就在上海佛教界活动，丰老有时请我父亲陪他一起去上海有关寺庙、功德林去看看，两人在佛教方面的共同语言多起来。后来才知道，丰老与弘一法师在《护生画集》上订有契约，早就在画。到1960年，在完成第四集护生画后，丰先生觉得我父亲早是佛教徒，长期吃素，请我父亲题写护生诗较合适。丰先生曾写道："护生诗八十篇，已决定请朱幼兰居士书写。此君自幼素食，信念甚坚，而书法有工，至为适当也。"我父亲自然接受，将其作为佛事，虔心书写。

完成后，丰先生将《护生画集》交由广洽法师办理出版。丰先生曾于1960年8月19日写信给广洽法师说："近来常感两事遗憾：其一，弘公八十冥寿，原拟作护生画第四集八十幅刊。今材料已有，而出版困难。"1960年丰公刚被任命为上海中国画院院长，让他"主动"出版护生画集，不无顾虑。

丰先生创作《护生画集》第五集，不是请我父亲题写，是请广东佛学家虞愚居士题写的。到1973年，丰先生被定为"反动学术权威"受批斗，《护生画集》被查禁，连丰先生家里的《护生画集》也被付之一炬。

在如此逆境中，丰先生仍然以完成《护生画集》第六集的夙愿为念，临危不惧。虽然他感到自己身体状况越来越不如意，但毅然决定筹画。那时，一个很大的问题是素材收集难。到第六集，护生题材更加难找。我父亲家里正好有本《动物鉴》，内容很多，丰先生挑出一些内容作为素材创作。我父亲曾在《丰子恺和他的护生画集》一文中谈到收集题材的详情："在'文革'

《因过竹院逢僧话，又得浮生半日闲》（丰子恺作）

《护生画四集》

动乱中，有关书籍损失殆尽，缺乏画材，先生于此颇费踌躇。一天，他与我谈及筹画护生六集事，命我搜寻可供参考的书籍。我回家在尘封的旧书中找到《动物鉴》一册送去，先生翻阅后笑曰：此书材料丰富，有此参考，画材不愁了。”

在那个特殊的年代，丰公为了不让家人受牵连，不让家人担忧，在日月楼一角，起早贪黑伏案作画，第六集100幅总算完成，我父亲也冒着风险题词。父亲说：“他将画稿给我看时，低声对我说：‘绘《护生画集》是担着很大风险的，为报师恩，为践前约，也就在所不计了！’并说：‘此集题词，本想烦你，因为风险太大了，还是等来日再说吧。’我听后，深感先生的为人，时时想到别人的安全，唯独不考虑自己的安全。我在先生为法轻身精神的感动下，就毛遂自荐说，我是佛门弟子，为宏法利生，也愿担此风险，乐于题词。先生见我至诚，也不固拒，于是护生第六集的书画，在艰难中于1973年提前完成了定稿。”

那时出版护生画集，想都不可能，就连保存也有风险。还好“文革”结束了，再到1978年秋，广洽法师又回到国内，法师向我父亲了解丰公为绘第六集护生画的“地下活动”的实况，甚为感动。法师从先父处取原稿带走，也不是堂而皇之带出去的。我印象里他是动了一些脑筋，蒙过海关，还用“暗号”在信里通报东西带出去了。法师回星洲后就向诸善信募集净资，《护生画集六集》终于在1979年由香港时代图书有限公司出版。同时，又将护生画第一至第五集再版，六集在海外得以全部出版，借以完成丰先生未了之夙愿，善始善终，护生画集终于功德圆满。除了弘一法师、丰子恺是倡导者、创造者之外，还有题词的三位，起了很大作用。还有印光法师一位弟子李圆净在第一、第二集出版时也起了很大作用。再有广洽法师后续助缘出版，没有他，不可能有后来的出版。

石门缘缘堂的重建，广洽法师也是率先资助促动，在多方努力下得以造起来。1985 年，先父为缘缘堂落成赋诗一首，寄寓了对丰公及护生画集的情怀：

护生画集入人心，说理分明浅亦深。
渴望世间消劫火，莲花笔底洒甘霖。
无端日寇太猖狂，兵灾摧残处处荒。
省识缘缘缘不尽，华堂毁后庆重光。
结队驱车访石门，丰公遗范八方尊。
摩挲手译心香绕，赞叹多生植善根。
躬逢盛事喜开颜，珍惜光阴莫放闲。
世间水陆皆灵空，终期净土现人间。

广洽法师向浙江博物馆捐赠丰子恺护生画集 450 幅书画原作时，我在现场见证。当时曾有人对我说，你父亲冒了很大风险。我说，我父亲为护生画题词，本身是一个佛教徒的信念、信仰，是自然而然的一种行为。当然，当时题词客观上确实冒着风险。

丰先生接近完人

我与丰先生接触不是很多，他对我们家庭很不错。我们家离他家比较近，他也到我们家里来，我们有过合影。我皈依广洽法师，就是丰先生在旁边介绍的。他跟人接触、交往，都平易近人。来日月楼之后，接触最多的人都是很普通的老百姓，而不是高官，或者大富之人。他对人，以德为先，看人品，不是看地位。

丰先生与鲁迅基本同时代，鲁迅表现得张扬、尖锐一些，丰子恺表现得含蓄、平和一些。他们是相通的，丰先生为鲁迅小说作漫画、插画，很认同鲁迅。鲁迅用文字表述，丰先生用画表达，鲁迅闯在外面、冲在前面，丰先生在后面，用“麦克风”给他扩大宣传。鲁迅和丰子恺都去过日本，同样接受过日本文化的熏陶，回来后，一个人这么干，另一个人这么干，时代需要这样不同的人。如果每个人一样，世界就不精彩了。

我写了“灵魂讣告”

这些年，我和丰先生后人一起，在开放和维护日月楼上花了较多精力。2010年，日月楼旧居开放。在开放过程中，曾有过一次失窃事件。当时正好有个展览，把护生画集早期出版的画集陈列出来，是我提供的，第一集没有，第二、第三集是当时原版。旧居值班人一般在二楼，参观者自行上三楼看，可能有识货的人看到这两本书比较好给拿走了。后来我发现书没了，但到底哪一天失窃的就搞不清楚了。可惜这两本书不可能再有第二本了，陈列柜就空着，我写了篇“灵魂讣告”放在那里，希望哪一天窃者良心发现，能将书送回来，这与旧居的文化气息也是契合的。

我们在三楼设有一块留言板，贴满各色参观者的感受。曾

《落红不是无情物，化作春泥更护花》（丰子恺作）

有一张留言条用繁体字写道：看完丰子恺《护生画集》，觉得尘世的一切都不重要了，最该守护的是自己的灵魂。

传承子恺艺术精神

今年是丰先生诞辰120周年。最近，上海举办了两个活动，也挺有意思。丰先生真正精彩的人生在上海，他在上海工作时间最长，居住时间也最长。他的出名成家，离不开上海。上海在丰先生曾教过书的地方举办了两项活动：一个在立达中学，一个在松江二中。

我们先去松江二中，我把丰先生在那里教课时的《美术讲话》捐给学校，这几页内容发表在《中学生杂志》1930年第一期，至今已88年。这虽是我收藏的，但觉得这东西应当交给他们。他们很开心，校方就乘兴组织纪念活动。10月20日的纪念活动很成功，把春晖中学校友会、立达中学校友会的成员一起请去。立达中学校友会老师去后，很受激励，跟我说："朱老师，我们纪念丰子恺先生的活动，从10月份就开始了，一直到11月底。"

后来，我去立达中学交流，丰子恺的元素确实比松江二中多得多。当然，丰先生教过书的立达中学是在江湾，现在的立达是从四川迁回来的，里面有子恺楼，把五位创办人的地位提得很高，都有相应宣传。在那里，我发现了未见过的丰先生漫画，丰家后人也说没见过，出处已无从查证，但东西是真实的。在立达中学举办丰先生纪念活动，很有意义，也很值得去看。

“研究东西很难，而研究出来的东西，一滴水胜过一杯水。”朱显因研究丰子恺，便是如此。

访谈结束之际，我请朱先生题词。他思索之余，用毛笔书写了“护生之缘，山高水长”，寄托了他对父亲朱幼兰与丰子恺先生的深深敬重和永远怀念。

2019年7月

丰先生是楷模

——陈胜吾谈父亲陈从周与丰子恺

2018 年 10 月 10 日，“此境风月好——丰子恺诞辰 120 周年回顾展”在浙江美术馆开幕。以“新月如水”为主题的第三板块，展出丰子恺师友的 72 件作品，尤其是尾声板块，特别展出一些知己故友为缘缘堂重建而奉献的书画佳作，共同述说着一个“人走茶不凉”的动人故事。

在这些精品力作中，有件书法作品格外夺目。在 63cm×126cm 的立幅上，一个苍劲有力的“缘”字独书其上，下加长跋：“子恺仁丈昔著《缘缘堂随笔》，早岁日必读，移我情也，此余企仰先生之始。及其再版，曾撰文申报，出版界张之，遂订交焉。并赠《青云直上》一画为勉。今先生往矣，回首前尘，空余泪痕！欣逢斯堂重建，悲欢交集，因书此幅，聊表寸衷！愿堂永垂人间！善颂！善祷！1985 年乙丑仲秋陈从周并志。”

这是1985年秋，著名古典园林专家陈从周先生欣闻丰子恺先生故居缘缘堂重建落成，欣喜万分，专门书寄“缘”字堂幅以志庆贺。一腔深情，浸透其中。

后来，我又读到了叶瑜荪老师的两篇回忆文章：《草堂终古说缘缘——陈从周与缘缘堂》《梓室蒙励：记陈从周先生给我的几封信》，进一步了解到，陈先生对丰子恺先生一向敬仰，他们之间有数十年的深厚友情。1988年4月，陈先生还应丰一吟之请，为缘缘堂前门题写了门额“丰子恺故居”，并赋七绝一首：“几丝修髯佛窗前，一字未书浊世篇。留得千秋风骨貌，草堂终古说缘缘。”

陈先生对叶瑜荪的竹刻，特别是子恺书画主题的竹刻，十分喜爱和推崇。还曾专门为叶瑜荪根据子恺漫画代表作《人散后，一钩新月天如水》和《红了樱桃，绿了芭蕉》刻成的臂搁作品题字：“流光容易把人抛，红了樱桃，绿了芭蕉。子恺丈画，从周书，瑜荪刻。”“人随明月月随人，人何处，月依然，此意谁知？戊辰夏瑜荪刻子恺丈画，陈从周书。”

陈从周先生对丰子恺和缘缘堂有深缘，并深信“世界上没有缘，成不了世界”。陈先生曾专门写过一篇文章《草堂终古说缘缘》，他写道：

> 我在中学念书时，读的第一本丰先生的书是《缘缘堂随笔》。他的思想在一个十几岁的青年身上，留下了难以消灭的如白壁一样的纯洁感情。我与丰先生都是浙江人，周遭的环境皆熟悉的，文章中所描写的事物也是习知的，因此，感情上也起着共鸣作用。

《缘》（陈从周书）

他说的亲切有味，仿佛就坐在我身边。

丰先生是漫画家，也可说不是画家。他的画在命意与境界上，已不属于一般画家之列。画面上有景，有情，有哲学，有诗意，还有极微妙的地方，要观者去想。他对事物与社会，揣摩体会得那么细，发人所未发，人所难言者，丰先生能妙笔成图，但是总不出一个‘仁’，没有高尚的学问道德修养是难臻此境的。丰先生经过的这后半个世纪，同我一样，他的那些画面，正如看过去的录像一样。

陈从周先生对丰先生书法也是推崇有加。他曾在《不是书家的书家——〈丰子恺书法〉序》中写道：

丰先生的文名、画名，是海内外共知的，但是丰先生的书法呢？我是更敬仰，他不以书名，而书实已名世矣。行云流水，舒卷自如，最能代表丰先生。

他的书法，可以说秀韵天成，没有丝毫做作气，大幅小幅，手稿书札，就像风行水上，摇漾生姿。不论布局行款，都仿佛我们造园学上所说‘因地制宜’‘随意安排’，那是多么不容易。看来是不经意，而实际呢，是花极大的辛勤劳动，与极艰苦的学问功夫才得来的。字如其人。我爱丰先生的书法，从书法中油然而产生对丰先生一切的景仰。

2018年11月27日，也是陈从周先生诞辰100周年，陈先生女

《流光容易把人抛，红了樱桃，绿了芭蕉》（丰子恺作）

儿陈胜吾女士专程从美国赶来上海参加相关纪念活动。经叶瑜荪老师介绍，我通过杭州徐志摩纪念馆罗烈洪先生联系到了陈女士，相约 2018 年 12 月 9 日上午 10 时赴沪做访谈。

戊戌冬天的第一场雪来得有点快有点猛。一天一夜的持续落雪，杭城已是银装素裹。难得的江南雪景，带来无限的欢乐和忙碌。

9 日清晨，我踏雪出门。原担心大雪封道，可能难以按约成行，或大为延迟。幸好，车至沪杭高速入口，已开闸通行。一路雪景伴行，格外通畅顺利。

上午 10 时，我如约来到同济新村三楼叩门求访，陈胜吾女士热情相迎。走进客厅，映入眼帘的，首先是墙上挂着的陈从周先生的黑白肖像照，旁边挂着一副萧盅友先生撰写的对联：“少壮心力殚谈经忘却三公贵，劳生几时歇登岱还浮八月槎。”让人肃然起敬。

沏茶落座后，陈女士开门见山，谈起了她父亲和丰子恺先生的情缘。

陈胜吾：我父亲一直喜欢丰子恺先生，他们都属于一种类型的人，读书、画画，喜欢艺术、美学。应该说，父亲与丰先生直接的交往并不多。主要也是缘分吧，他给重建后的缘缘堂写了横幅匾额。

丰先生的影响力非常大，父亲对丰先生很熟悉，专门写过一篇散文，讲述他和丰先生的缘分，写得很感人。父亲非常喜欢丰先生这样的老人，典型的中国知识分子，非常正气，非常有才华，又非常低调。可以说，丰先生是他做人的一个楷模。父亲曾这样写道：“老实说，我是受丰先生影响较深的一个后辈。

我不但景仰他的艺术文学，而尤佩服他的立身做人，真是冲淡和平，符合他的名‘仁’与字‘子恺’，太慈祥了。如果说弘一法师的作品是清静得没有一点烟火气，那丰先生的作品可以说亲切得没有一点世俗气，充分地表达了他的个性与伟大的人格。”

以前在家里，常听父亲说起丰先生。从小也是他带我们看丰先生的画。孩童时代，启蒙画就是丰先生的画，一个个故事念下来，小孩子怎么长大、怎么学习、怎么做人、怎么与人相处，都可从画里学到。我父亲常说：“读书要读好文章，看画要看好画。”在我们家里，在父亲眼里，丰先生的画是好画。

我在做父亲的艺术馆时，第一篇就是以“童年是梦中的真”为主题，很想把父亲的一个个故事，用丰先生画的形式表现出来。但是谁也不会画，没办法画。直到现在，我还在寻找，寻找能用丰先生画的形式，既有漫画，又有儿童画，用简约的风格来展现。

丰先生的书画，我们是百看不厌的。我现在还经常翻看丰先生的书画，一直愿意看下去，很有味道，应该把他和他的书画好好宣传一下。好东西，都应该拿出来给人看。看丰先生的画，一些思想都能从寥寥几笔里表达得很清楚，真的是好看。他的随笔也很朴实，我父亲写散文也是学他的风格，没有很多的辞藻，简单明了，但是有味道。

后来，父亲搞古建筑、搞园林，他对名人古宅很劳心，刻意要保护、要修复，包括对茅盾、丰子恺、钱君匋等桐乡名人的故居。所以，当时他一口答应，为重建的丰子恺故居缘缘堂题写匾额，觉得这是很光荣的。

我父亲在杭州求学、工作过。我出生在杭州，家住在西湖边上，大概两岁时离开了杭州。家族人都是杭州一带的人，所以家里有很浓的杭州味道、绍兴味道，还有海宁味道、江南水乡的味道。我小时候，在海宁住过一段时间。跟着大姨妈穿街走巷，不远的地方就是外婆徐家即徐志摩家，记忆很深。家家户户门前有一条河，踏埠走下去，可以洗菜、淘米、洗衣服，很有味道。可惜，现在都没有了。乌镇开发出来，是新式水乡了，以前的味道回不来了。我只能在梦里梦到水乡的味道。

我看丰先生的画，他画较多的是儿童画，也有一些文人画。我父亲主要在文人画里转。以前曾觉得人家画山水画之类规模宏大，我爸怎么就画几根草、几根叶子呢？那时不懂，后来有点知道，这也是内心世界的表达，有抽象的意境在里面。实际上，几片叶、几朵花是很难画的，越简单越难。父亲的画境、画意，也进入他的园林。

这两天，云南安宁在举办纪念陈从周的活动，父亲在那里设计建造的一个花园，是他的封笔之作，也是完全由他独立设计的，体现了父亲造园的全部思想。园林面积不大，还是留出了大量面积做水面，这是画里的留白。把留白用到园林里，这就是他想做的现代中国古典园林，而不是以前的布局方法。为此，父亲想了很久，但又怕做得简约、做得现代，会跑到日本花园模式上去。他动足脑筋，做出来这个园林。云南，天高云淡，天空的景色全映在水里，建筑、假山也映在水里，很美很美。我去看过后，感慨父亲真是艺术家，他不仅把画笔留在纸上，还把画笔画到了大地上，就是造园林。

艺术是相通的。我一直说，造中国园林一定要懂中国书画，不懂中国书画没法造中国园林。这不是西方建筑那种机械的用鸭嘴笔就可以表达清楚的。园林里每一个曲折，每一个小的景点，都是一种意境。这种意境有时要在做的过程中把它表达出来。有人说，为什么现在的人叠不好假山？我说，假山是什么？假山就是中国的雕塑，就是罗丹的西方雕塑在中国的表现形式。中国画本身非常抽象，我们的假山更加是一种意境，比西方雕塑更加抽象、更加难做。你看苏州园林的假山，百看不厌，这就是中国的艺术。

我父亲为自己是一个中国人而骄傲，为中国文化的丰富和传承而骄傲。所以，父亲和丰子恺他们这一辈人，内心相当强大。尽管丰先生是从日本留学回来，但是他把中国的东西表达得那么完美。包括像梁思成他们从美国回来，把东西方建筑进行比较，发现自己国家有那么多伟大而了不起的东西，便进行古建筑的考察研究和保护。我父亲也是这样，如此认定自己是中国人。他曾经写过一篇散文，题目是《我是中国人》。他离不开中国，所以我们子女出国，他不出去。他的态度是，你们出国我也不拦着，但是我的文化根子在中国，国外没有中国文化的土壤，没有我的用武之地。他出国好多次，最关心的是景色、建筑，从来没想过要留下来生活。

父亲始终认为，我们自己也有很好的文化，昆曲、京剧、古建筑……多了不起的东西！作为后来的中国人，就应该去挖掘、保护我们祖先留下来的好东西，并不断传承。这是一种文化自信。我父亲常对我说："什么是国家？国家就是文化，失去了文化，国家也就亡了。在历史上，外来势力多次入侵中原，但中国为什么还存在？因为我们有文化，谁也没法彻底征服我们。"

访谈结束之际，陈胜吾女士以茶几为桌，在长卷上题写了父亲赋七绝《丰一吟嘱为尊人子恺丈故居题额有感》："几丝修髯佛窗前，一字未书浊世篇。留得千秋风骨貌，草堂终古说缘缘。"并落款："抄录先父陈从周为题丰子恺故居门额所作诗，陈胜吾。"

2019 年 8 月

冥冥之中的因缘

——马亦钊谈叔祖马公愚与丰子恺

2019年5月16日上午，风和日丽，春暖花开，浙江大学紫金港校区基础图书馆，“不畏浮云遮望眼——丰子恺的浙大缘与温州情”展览隆重开幕，丰子恺及其师友的50余件书画作品联袂展出。其中，温州籍著名书画家马公愚的廿四首梅花诗散佚60多年后在展览上首度公开亮相，马公愚梅花诗稿和丰子恺《戏和马公愚梅花诗》也是首次合璧展示。

在此次展览开幕之际，我访谈了马公愚侄孙马亦钊先生。现为浙江省文史馆馆员、西泠印社社员、中国书法家协会会员、温州市书法协会副主席的马亦钊，自幼秉家学酷爱金石书画，12岁亲聆叔祖马公愚教诲，18岁又从师方介堪学习篆刻。谈起叔祖马公愚与丰子恺的诗画情缘，特别是散佚六十多年后的马老梅花诗稿与丰先生“和作”合璧亮相，他连说：“这不是巧合，是冥冥之中的因缘呢！”

《小桌呼朋三面坐，留将一面与梅花》（丰子恺作）

马亦钊：我叔祖马公愚先生是著名书画家、篆刻家，1893 年生于温州永嘉。工诗文，擅书画篆刻，素有“书法宗匠”“艺苑全才”之誉。经亨颐先生曾赠诗，发出“永嘉山水钟神秀，五绝于今谁与俦”之感慨。叔祖与其兄也就是我的祖父马孟容一时竞秀，并称“永嘉二雅”。

丰子恺先生与马公愚先生的关系，渊源很深，我以前是听说过的。首先，他们本身是同行，他们曾同在上海画院供职，又同为西泠印社中期社员，互相赞赏。他们有共同的语言，来往比较多。再一个，两人在上海住得很近。我叔叔马大韶曾回忆说：“家里经常有朋友来走访，来的最多的就是丰子恺，丰子恺住在我们家后面常德路，恰德坊和常德路很近，他走过来大概 5 至 7 分钟，他经常吃过晚饭以后，穿了个拖鞋，踢踏、踢踏，逛到我们家里去。”

他们俩关系很要好，在书画和诗词方面多有互动。叔祖父擅画梅花，尤其是除夕画梅花。辛卯（1951 年）除夕曾画梅花一帧，自题云：“年年耕石是生涯，卅载春申客作家。今夕岁除无一事，自拈秃笔写梅花。”次年，壬辰（1952 年）除夕，叔祖父又画了梅花一幅，且用去岁题梅花诗韵作诗题之，一时兴起，信笔写来，竟成二十四首，即以钢笔抄写数份分送挚友，其中送丰子恺先生一份。丰先生很快就步韵和了四首诗。清明节时，曾抄录和马公愚梅花诗四首送梓生先生，得以流传至今。如“当年曾住水西涯，门对孤山处士家。常怪阳春飞白雪，原来点点是梅花”“孤芳最早发湖涯，不与群芳共一家。待得湖滨花似锦，枝头不复有梅花”。

马公愚先生对二十四首题梅花诗很是满意，曾用毛笔手抄一份装订成册，常带身边。他在1958年回温州养病时，我看到过他的手抄本。我当时年纪还不大，印象不是很深，但有几句记住的。可惜“文革”期间这份东西遗失，从此杳无音信。

去年12月29日，温州衍园美术馆举办丰子恺诞辰120周年师友书画展，丰家后代宋雪君等多人，与郑振铎、朱自清、马孟容、张光、方介堪、王国松等名家后代及各地文化人士九十多人相聚一堂。开幕式上，温州书协副主席陈胜武用温州方言吟诵丰子恺为马公愚梅花诗的“和作”。令当时众人遗憾的是，未能找到马公愚原作。

今年7月，我的好友、温州藏家潘尚选先生出差北京，无意中看到一份拍卖图录，其中有一件马公愚钢笔抄写的壬辰除夕题梅花诗廿四首手稿，但距开拍时间只有数小时，于是他立即驱车赶往现场，然而还是迟了一步，这份马公愚钢笔诗作已被他人拍得。潘尚选觉得这是温州名人的手迹，很有文化价值，他急中生智，站在结账处静候拍得者出现，说明原委，终以诚心使拍得者割爱。

后来，潘尚选先生把马公愚手稿带回温州给我看。我看到后很激动，终于见到了马公愚梅花诗廿四首的全貌。“横斜几树傍湖涯，万古孤山处士家。一自暗香传绝唱，更无人敢咏梅花。”“不问山巅与水涯，不论白屋与豪家。春回总是争先发，阅世无偏惟此花。”……这些诗，一首首读来，倍感亲切和难得。

这确实不是巧合。如果没有去年衍园美术馆举办的丰子恺诞辰120周年师友书画展，如果没有潘尚选先生对这些诗稿的了解、关注和发现，也许就没有今天马老梅花诗稿与丰先生“和作”的合璧亮相。世间万事往往有冥冥之中的因缘与上天之护佑，遗失六十多年的先人手迹托潘先生之福得以重见。

为了表示对潘尚选先生的感谢，我把马公愚梅花诗稿特按原格式抄录成手卷并附丰老先生和诗于后回赠。陈胜武先生也以诗笺形式抄录廿四首诗赠送潘尚选先生，并用马公愚原韵和诗五首记载此事。陈胜武还邀请瓯海诗词学会会长史从忠和诗四首。展览开幕式上，陈胜武还用温州方言向大家深情朗诵马老梅花诗作和丰老的和诗。这是马公愚与丰子恺先生情缘再续的写照。

2019年11月6日，我出差温州之际，又登门拜访了马亦钊先生。马先生动情讲述了他对先祖父马公愚和丰子恺先生的敬仰，以及两位文化名人的深厚友谊。他还说，去年衍园美术馆举办丰子恺诞辰120周年师友书画展活动，第一次认识了丰子恺后人宋雪君等，大家都为祖辈的情谊而感动，一直联系交往不断。今年马公愚梅花诗稿重新发现后，我专门手抄了马公愚梅花诗稿和丰先生和诗送给宋雪君，宋先生说这个手卷太有意义了，要放到丰子恺纪念馆去。

谈起丰子恺的艺术，马先生说：“我一直对丰子恺先生的漫画和散文很喜欢，特别是他大量的古诗新画，意境很好，看似简单，但体现了丰先生很深的艺术和国学功底，不是一般人能做到的。我在衍园美术馆看到丰先生的一幅古诗新画，题王阳明诗句‘小亭闲可坐，不必问谁家’，欣赏之余，抄来改了几个字为‘此间闲可坐，不必问谁营’，自书并竹刻成匾，挂在自家户外小院，已成一景，

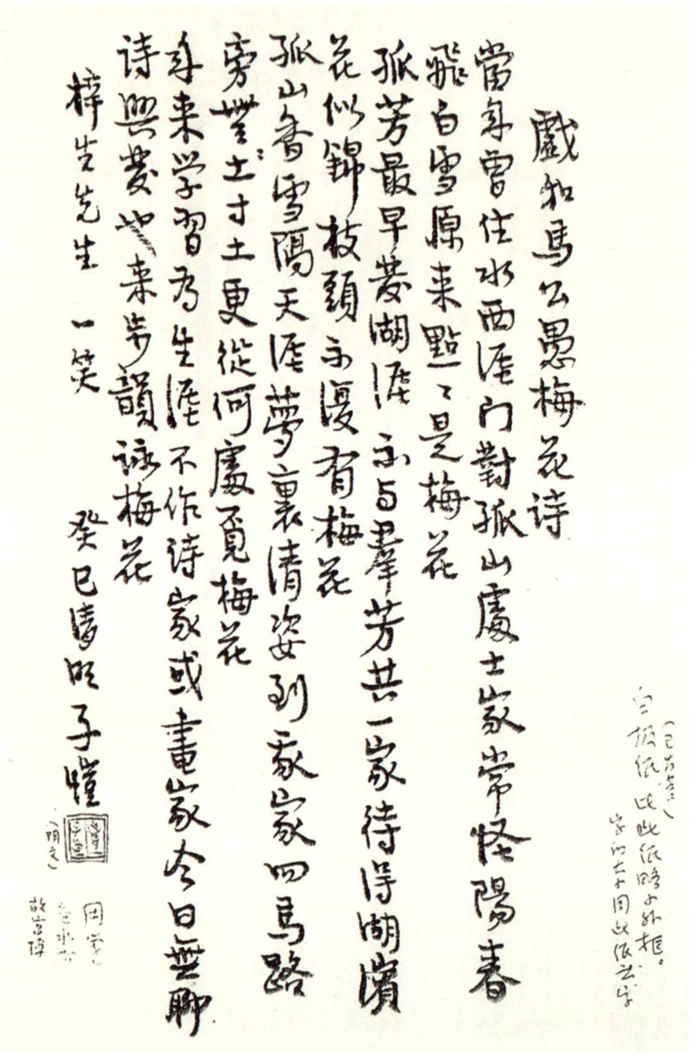

《戏和马公愚梅花诗》（丰子恺作并书）

觉得很有味道。这也让我时常想到丰老先生和他的画。”

当再次讲到马公愚梅花诗稿发现过程时，马先生依然说：“这真是冥冥之中的因缘。”而后，他拿出回赠潘尚选先生的马公愚梅花诗稿和丰先生和诗手卷的仿件，亲笔落款后赠予我，并在“寻缘”长卷题写：“壬辰（一九五二年）除夕，先叔祖公愚公曾画梅守岁，并题诗廿四首。节后手抄一份送丰老先生，丰老即和诗四首。今录其一以应雪南先生之嘱。‘孤山香雪隔天涯，梦里清姿到我家。四马路旁无寸土，更忆何处觅梅花。’”

更忆何处觅梅花，诗情画意颂因缘。临别之时，马亦钊先生还说：“马公愚和丰子恺先生这段美好的情缘，如今有了新的延续。但我相信，还会有新的故事。”

2019 年 11 月

“患难之交”见真情

——张慰军谈父亲张乐平与丰子恺

2019 年 9 月，丰子恺诞辰 121 周年之际，丰子恺后人印制了《寓庄于谐——二十世纪早期的漫画先锋》一书。中国美协漫画艺术委员会名誉主任徐鹏飞作序写道：

“《寓庄于谐》的结集出版，是对二十世纪早期的漫画先锋——丰子恺、张光宇、张乐平、吴天翁大师们的最好纪念。”

“他们经历了抗日战争的洗礼，国难家仇使他们的灵魂升华，使他们的艺术更加成熟深刻，人格更加崇高而坚强。时代造就英雄，他们的作品都与百姓的日常生活息息相关，于细微处探究人生，反映世态人情，在描绘祖国历史画轴上挥洒了无数针砭时弊的笔墨，充满了现实主义批判精神，同时也塑造了自己忠诚的艺术家形象，成为后人的典范。”

主编王一竹女士则在后记中说：“出版《寓庄于谐——二十世纪

早期的漫画先锋》是丰子恺、张光宇、张乐平、吴天翁四个家族后人一次聚会时的灵光乍现，更是他们淳朴善良的美意结晶。”

捧读和欣赏这份美意结晶之余，更促使我去寻访这些二十世纪早期漫画先锋们的故事。首先联系到的便是张乐平先生的儿子张慰军先生。可今年突袭而来的新冠肺炎疫情，无情阻断了早就相约的访谈。直到今年 10 月 24 日，在上海华亭宾馆咖啡吧里，第一次见到了热情、爽朗的张慰军先生，沏上一杯浓郁的咖啡，思绪悠悠，话题随之不断涌出。

张慰军：我父亲张乐平与丰子恺先生很有缘分。父亲老家海盐距丰先生故乡桐乡石门不足百里，同属嘉兴。我父亲比丰先生小一纪，都是属狗。两人生日也很相近，我父亲是 1910 年 11 月 10 日出生，丰先生是 1898 年 11 月 9 日出生。父亲自己回忆时也讲到，他一直把丰老当作自己的老师和好朋友。

大概是在 1926 年至 1927 年，我父亲在上海一所私立美专学习一段时间后，到上海三马路望平街（今汉口路山东路）一个广告公司做练习生，父亲经常到四马路开明书店去看橱窗里陈列的丰子恺漫画，觉得很喜欢这些漫画。

1928 年，父亲开始创作并发表漫画。20 世纪 30 年代初，父亲成为自由职业者，以画画为生。但一直无缘结识丰先生。直到 1938 年，抗战期间，我父亲在武昌政治部第三厅所属的抗战漫画宣传队任副领队。队伍从上海出发到江苏、安徽一带宣传抗日。南京失守前，他们辗转到了武汉。丰老也转到了武汉，经人介绍，父亲才有幸与丰老相识。

《小朋友》（张乐平作）

两人相见恨晚，非常谈得来。父亲觉得丰先生飘逸洒脱、和蔼可亲。两个人都喜欢喝酒，丰老酒量不错，我父亲酒量也蛮好的。每次一见到就想办法找个小餐馆喝酒。有一次，两人又在小店相聚，饮酒谈天，谈笑风生，饮酒不多而笑声不歇。过些时候，父亲见丰先生倚桌垂头，鼻息浓浓，原来丰老喝醉后趴在桌子上睡着了。这样更拉近了两人的距离。丰先生学识渊博，使我父亲得益匪浅。可惜，战事逼近武汉，漫画宣传队后撤，我父亲被派到安徽、江西一带从事抗战漫画宣传工作，两人在武汉分手，一别多年。

一直到抗战胜利，我父亲回到了上海。1946年，父亲根据抗战所见所闻，创作了长篇连环漫画《三毛从军记》，描写一个小小兵“三毛”在战争中的经历。作品最后一幅表明了父亲的立场：呼吁和平，反对一切战争。这是中国第一部长篇无文字连环漫画，被誉为“没有文字的文学巨著”。而后，又画了《三毛外传》。不久，国内战乱又起，炮火和灾害造成大量孤儿流落街头，父亲亲眼看到了两个流浪儿童因挨冻挨饿去世，这激发他为孩子呼吁的愿望，创作了《三毛流浪记》，同样得到了大量读者的关注，一个勇敢、善良、乐观、坚强的苦孩子的遭遇牵动了大众的同情心。从中也可以说明，我父亲与丰先生的艺术观是相同的，他们都用手中的画笔做武器，鲜明、大胆地反映当时的社会矛盾，揭露不合理的社会现象。

直到新中国成立，父亲才与丰老再次相见。因《三毛从军记》《三毛流浪记》的发表传播，丰老大为称赞我父亲的漫画手法。后来，上海成立美术家协会，丰老任主席，我父亲担任了副主席，两人的交往就多了。当时，丰老在上海中国画院任院长，我父亲在《解放日报》任美术编辑，两人不在一起工作，一般是在美协开会或参加一些美术文化活动时才碰到一起。那时，我父亲也会去丰老家里看望请教，还会就近找个小酒馆喝酒。据我所知，两人经常到淮海路上一家茅山酒家喝酒，这酒家现在早已不在了。两人聊聊家常、谈谈艺术，其乐融融。有一次，丰先生患病在家，父亲前去探望，看到丰先生正抱病自学俄文，年过半百的丰先生已经掌握多种外语，还要从头学习俄语，这让我父亲大为感动和敬佩。

父亲与丰先生这么投缘，有一个很重要的原因，就是他们俩都很爱孩子，都有一颗纯真的童心，以儿童为题材创作了大量的漫画。丰先生的儿童漫画家喻户晓、人见人爱。父亲创作的三毛系列漫画，也深受大家喜爱，还被改编成电影、木偶戏等。父亲曾说："有人问我，你的儿童漫画小孩子那么喜欢看，有什么诀窍吗？我想来想去没啥诀窍，就是有一点，我爱孩子。"丰老也很欣赏我父亲创作的儿童形象，他曾跟我父亲说，以后也想创作一个儿童形象的系列漫画。可惜，很快"文革"开始了，丰老的这个愿望没能实现。

父亲与丰先生相识于民族存亡的危难时期，也算是"患难之交"。没想到的是，"文革"运动中，父亲和丰先生又成了另一种"患难之交"，父亲和丰先生常常被拉在一起批斗。丰先生曾问我父亲挨批的感觉如何，父亲说是"视而不见，听而不闻"。父亲也问丰先生感觉怎样，丰先生笑说是"处之泰然"。

患难中的交往，更加深了两人的友谊，也增添了我父亲对

《小朋友》（丰子恺作）

《折得荷花浑忘却，空将荷叶盖头归》（丰子恺作）

丰先生的敬佩之情。记得有一次，我父亲发高烧到华山医院看病。有个好心的医生偷偷告诉我父亲，说丰子恺先生也在医院，患的是肺癌晚期，但造反派不让住病房，只许他躺在嘈杂的观察室里。父亲知道后，尽管发烧厉害，但他还是硬撑着去探望了重病的丰老。我父亲拉着丰老无力的手，难过得一句话也说不出来。没想到，几天后，丰老就去世了。医院的那次探望，竟成了我父亲和丰先生的最后一面。

“文革”结束后，对丰老的很多纪念活动和展览，我父亲总是想办法去参加。他一直认为，丰子恺先生是他间接的老师，又是一个这么好的领导和互相谈得来的朋友。

父亲与丰老交往的故事，有些是我听父亲讲的，有些是从父亲文章里看到的。我 1954 年出生，是家里排行最小的，有时父亲会带我出去走走看看。有一次，父亲带我出去，看到坐在三轮车上的丰先生并打招呼，丰老留着长长的胡子，他给我留下很深的印象。遗憾的是，我没有去过丰老家里，也没有当面交流过。“文革”期间，我从报纸上，看到很多批判丰子恺的文章，觉得不可理解。

更为遗憾的是，父亲原先保留的丰老书画作品，在“文革”期间都被那些人一抄而空，不知去向。我家的书籍、书画作品，被抄去整整一大卡车，后来返还时我们只用了一辆三轮车装了些书回来。而且，那些年，本来应是父亲和丰老他们艺术创作的高峰期，可惜那个特殊的年代，他们两人都无法创作、也不敢创作了。

丰老的追悼会是我父亲主持的，悼词是我父亲自己撰写的。

父亲也专门写了纪念文章发表在报刊上。

1981年5月，上海美术馆举办丰子恺遗作展。预展那天，我哥哥陪同父亲前去观展。父亲拄着拐杖站在丰子恺像前，睹像思人，情不自禁流下了眼泪。而后，父亲写了纪念文章《画图又识春风面》发表在《解放日报》上，字里行间满含对丰先生的追思之情，开头就写道："丰老久违了。1975年医院一面，竟成永诀，从此仙凡路隔，再也见不到我所仰慕的师长和朋友。近来看了丰子恺先生画展，看到那满堂的时代画卷，看到那透过纸面散发出来浓郁的生活气息，宛如又见到先生的音容笑貌。"

这是我父亲对丰老无法忘却的纪念，真情永在。

今年是我父亲张乐平诞辰110周年。尽管受新冠肺炎疫情影响，各地很多活动取消了。但在我父亲的家乡海盐，第六届"三毛杯"（2020）中国漫画大展依然在紧锣密鼓地筹办中。上海市文旅局和市文联为纪念我父亲诞辰110周年，将在中华艺术宫举办纪念画展。期待这两个展览如期开展。这是在这个特殊的年份，对我父亲张乐平，也是对丰子恺、张光宇、吴天翁等漫画先锋们的最好纪念。

访谈结束之际，我依然请张慰军先生题字留念。他用钢笔题写："向先父老师、朋友丰子恺大师致敬。"质朴的话语中蕴含着他对先辈的深深敬意和怀念。

2020年11月

忘年之交堪称缘

——易卫平谈父亲易昭雪与丰子恺

“牙医易昭雪。”2018 年 12 月 21 日，我在杭师大寻访陈星先生时，请他推荐在杭曾与丰子恺先生有缘有情的人，他首推易昭雪。他翻寻出易先生的住宅电话给我，并说：“我也有多年没联系了，你可以直接找他，就说我推荐的。”

12 月 25 日，我就直接电话联系，接电话的是易先生女儿易幼晖女士，当我简单说明缘由后，没想到，易女士却伤心地告知说：“我爸爸上个月走了，走得有点突然。爸爸生前一直思维清晰，常跟我们说要活过百岁的。10 月份浙江美术馆办的‘纪念丰先生诞辰 120 周年展览’，我们几个子女都去看了，拍了好多照片回来给爸爸看，他很高兴。爸爸生前也常常跟我们讲起与丰先生的交往，感情确实很深。你可以联系我哥哥易卫平，他了解得更多。”

听过易女士的话，我心头一沉，在表达哀悼之余，也觉深深的

《西法牙科》（丰子恺作）

遗憾。第二天，我便将易先生逝世的消息微信转告了陈星先生。

过了一周，2019 年 1 月 3 日，陈星先生在微信朋友圈发了一张照片，他和易昭雪先生在丰子恺雕像前的合影。并附一文《悼念易昭雪先生》：

> 易昭雪先生是我相识近三十多年的长辈。我与他相识，缘于我从事的丰子恺研究。丰子恺曾在他的文章中说到过自己的拔牙经历，并喻之为“口中剿匪”。这位替丰子恺“剿匪”的牙医就是易昭雪先生。
>
> 此事须先从作家许钦文先生说起。抗战胜利后，许钦文与丰子恺同住杭州。那时他俩都苦于牙病。有一次，许钦文下决心请了一位牙医拔了坏牙，再镶上新齿。这不仅有益于进食，身体也好了。这位牙医就是易昭雪先生。一天，许钦文特意向丰子恺介绍了易昭雪，并劝说丰子恺也去拔牙。丰子恺终于也请了易昭雪为自己拔除坏牙，再装上假牙，感觉也特别好。由于受到拔牙的启发，丰子恺写了一篇《拔牙记》，后来又写了《口中剿匪记》，成了中国现代散文的名篇。
>
> 丰子恺嗜酒。他拔牙后，易昭雪关照他暂时不得饮酒，否则对伤口不利。丰子恺为了过酒瘾，居然想出了一个偷酒吃的办法。他用一根服药用的带有橡皮头的玻璃管，吸几滴酒，然后注射到喉头，再吞咽下肚。这样的吃法，酒液不会触及拔牙后留下的创口，又能暂时解脱酒瘾。后来还是被易昭雪知道了。但他除了苦笑，也奈何不得。
>
> 我与易昭雪先生也算是老相识了。虽然他是我的长辈，但他并

无任何架子。我去过他的家，他也多次参加我组织的弘一大师或丰子恺的学术活动。他很健谈，也显得很年轻。过去我曾听说，只要一个人的牙齿健康，身体也一定好。易昭雪先生是著名的牙医，他一定注意保养牙齿。他显得年轻，或许也是因为他的牙齿健康。

前不久，友人来访，说想去拜访易昭雪先生。我给了他电话，请他自己去联系，可以说是我介绍的。未料，几天后（2018 年 12 月 26 日），此友人来信，说已联系易先生家人，而得到的消息却是易先生已于 2018 年 11 月 7 日逝世，且走得较突然。得此消息，十分悲痛！平复了一周，今天发这篇文章，深表哀悼。易老走好……

陈星先生不仅回顾了两位前辈交往的缘起和丰先生拔牙后过酒瘾的趣事，更表达了对易先生逝世的深切悲痛和悼念之情。也促使我去寻访这一段特殊的情缘。

1 月 4 日，又是一个雨天，我寻访了易卫平先生。

易卫平一说起父亲，便情不自禁，眼含热泪。他动情地说：“我爸爸始终在说，他与丰子恺先生相识是今生今世的一大缘。去年 10 月，我们去看了丰先生诞辰 120 周年纪念展‘此境风月好’，拍了很多照片回来给爸爸看，当他看到《论语》《中学生》等旧刊照片时，很有感触地说，‘那时经常在这些刊物读到丰先生发表的文章、漫画，包括写拔牙的文章。像我这样一位普通的牙科医生，能跟丰先生这样的名人名家相识，是很幸运的。’”

易卫平说：“听爸爸这么讲，我们也引以为豪。爸爸 1923 年 9 月 26 日出生在衢州。1939 年，家乡遭侵略日军轰炸，爸爸随他大哥逃难到了贵州，在一所学校学习护理方面的知识技能，本来是要派到抗战前线去的，结果没去成，转到了贵阳，拜罗文刚先生为师，在罗氏牙科医院当学徒。而后，又转到重庆，跟从留欧牙医学博士尹兆康学技能、学英语，并通过了医师资格考试。抗战胜利后，爸爸回到杭州从医。不久，在杭州性存路 10 号独立开设易昭雪牙科诊所，精湛的技艺引来许多社会名流前来求诊。”

讲起丰先生经许钦文引荐后到诊所求诊的经历，易卫平翻出父亲发表在《杭州日报》副刊上的文章复印件，题目是《缅怀丰子恺先生》，时间是 1998 年 11 月 9 日。易卫平说：“那天正是丰先生诞辰 100 周年，爸爸年过七旬，专门发表这篇文章，以此表达他对丰先生的崇敬仰慕之情。”

文章中易昭雪先生回忆说：

1947 年 12 月初的一天，我在诊所刚处理好一位病人的问题，正在翻阅当天的《申报》，一位穿长衫、留一口美髯的中年男子推门进来，递上纸条一看，是久已仰慕的丰子恺先生。我为丰先生作了仔细的检查，年已五旬的丰先生患的是牙周病及残冠。丰先生对拔牙有顾虑，我就反反复复向他讲述牙齿与身体健康的关系，说得他频频点头。这以后的 11 天里，我为丰先生拔掉了 17 颗残牙。一个月后，牙龈疮口已痊愈，假牙也做好了。丰先生称假牙为义齿，戴上假牙后丰先生一照镜子觉得年轻许多。一个月后满口假牙运用自如，妥帖舒服了，可以嚼花生，剥湖蟹，咬核桃肉，喝茶饮酒，有滋有味，丰先生十分高兴。

这以后，丰先生以其敏锐深刻的思想，诙谐犀利的笔调写了《口中剿匪记》《装牙经验谈》《拔牙记》《义齿》《赠易昭雪牙医师》

等文章，刊发在当时的《申报》《论语》等报刊。有的已成为近代散文史上的名篇。为了表达感激之情，丰先生还精心书写“技近于道，人造胜天”的中堂，并《装牙经验谈》一文条屏用全绫裱好送到诊所。

易卫平翻出一册早年的《衢州文史资料》介绍说：“丰先生还专门画了一幅漫画《游春人在画中行》，赠送给我爷爷易锦文。当时，这幅画挂在爷爷开设在衢州的易氏诊所。后来，这幅画却失踪了，不知去向。令人欣慰的是，最终，这幅画后来由衢州博物馆收藏至今。”

“由此，父亲与丰先生结成了忘年交。”易卫平说：“那时，丰先生住在西湖边静江路（现北山街）85 号，一到周末，父亲常常关了诊所到丰先生寓所，和工作之余的丰先生一起饮酒聊天，谈漫画、谈艺术、谈人生。还与丰家孩子们打羽毛球，尤喜与丰一吟一起唱京戏。1948 年秋，丰先生与徐力民女士在楼外楼举办银婚宴，还特邀父亲参加。”

一张照片，就是一个故事。易卫平点着一张老照片说：“那是一个春末夏初的午后，父亲正在丰家，丰一吟捧着相机要给父亲拍照，父亲就拉着正在玩耍的丰子恺外孙宋菲君，来到西湖边秋水山庄附近，一起拍下这张照片，留下难忘瞬间：两人相依而立在西湖岸边，湖水荡漾，垂柳依依，父亲更是笑容满面。”

1998 年，易昭雪应邀出席丰子恺诞辰一百周年纪念活动，仪式结束后，来宾们前往桐乡新世纪大酒店就餐。没想到的是，易昭雪正巧与宋菲君同桌。当年 6 岁的孩童已是北京一家大公司的总工程

《游春人在画中行》（丰子恺作）

师、专家。易昭雪与宋菲君紧紧握手，时隔五十年后再次合影留念。回忆往事，深感人生有缘。

“父亲与丰先生的情缘是一辈子的。”易卫平介绍说：“丰先生迁居上海后，父亲常常借着出差机会，到丰家看望丰先生。20 世纪 70 年代初，父亲曾去日月楼看过丰先生，觉得丰先生有些沉默。父亲与丰先生说起以前赠送的书画都被毁掉了，丰先生安慰说：‘以后再给你画新的。’”

“虽然这成了父亲的遗憾。但父亲与丰家的情缘一直在延续，‘文革’结束后，父亲与丰一吟等常有书信往来。2008 年，丰一吟曾到杭州松木场铁路新村看望我父亲，她有颗假牙松动脱落，父亲在家里为她作了检查修补。丰一吟感慨：易先生为两代人看牙的可能不多吧。应我父亲之请，丰一吟仿画了丰子恺《严霜烈日皆经过，次第春风到草庐》漫画送我父亲，父亲极为高兴和喜爱。丰一吟还先后签名赠我她写的两本书：《我的父亲丰子恺》和《我和爸爸丰子恺》。”

在 2014 年出版的丰一吟新著《爸爸丰子恺》里，专门写到父母装假牙及拜访易昭雪的情况，这里摘录下来分享：

> 通过许钦文先生的介绍，爸爸找年轻的易昭雪医生装了一口“义齿”。说起装全口假牙，我记得妈妈是在重庆沙坪坝的沙磁医院装的。那医院在大众剧场（就是我演过《投军别窑》的剧场）对面。每次都由我陪去。我算了一下，妈妈那时实足年龄还只有四十八岁吧。爸爸如今装全口假牙，实足年龄也才四十九岁。我到八十岁的现在，还只是上下补装，并未装全口。可见爸妈那时生活实在太苦，

营养太差，以致早衰。

爸爸非常感谢易昭雪医生的高超技术，写了两篇装牙的文章称颂他。二〇〇七年十月，女儿陪我到杭州开会，我们抽空访问了易先生，他身体健朗，剥一个柚子给我们吃。我在家吃柚子是靠年轻人剥的，我才剥不动呢。我打算制止他剥，我想，他已八十五岁高龄，他还没剥好，我们要赶着去开会了吧。哪里知道他很快就搞定。我惊叹易先生手劲真大，女儿说："你别忘了易先生是替外公拔牙的，手劲当然大！"

噢！我恍然大悟。

是的，这是一段美好的忘年之交，刻在了丰易两家人的心里。

最后，易卫平在"寻缘"长卷上注目良久，深情写下了父亲许多次说过的感慨："岁月流逝令人忆，忘年之交堪称缘。"

2019 年 1 月

墨海因缘结人生

——沈定庵谈丰子恺

2018 年 11 月 8 日，在赶去绍兴寻访沈定庵先生的路上，雨色蒙蒙，这情景使 20 多年前的那场“缘遇”再次清晰地浮现在眼前。

1992 年 5 月 2 日，我从金华赶回老家，应邀参加桐乡丰子恺研究会成立大会。那天下午，我先到缘缘堂报到，丰子恺先生侄女丰桂向我介绍了在场的一位慈祥、敦厚的长者——书法大家沈定庵先生，他也专程从绍兴赶来参加丰子恺研究会成立大会。而更让我感到意外和欣喜的是，缘缘堂工作人员领我们入住运河旁的运河旅社，我与沈老同住一室。

入住后，我陪沈老沿运河漫步赏景。时近傍晚，当时活动组织方并没有安排晚餐，我以晚辈身份请沈老一起用餐，他欣然答应。两人走进运河边的石门酒家，点了炒鱼块、麻辣豆腐、青椒肉片等四五个家常小菜，伴着运河暮色共饮一杯小酒。沈老本来喜欢喝黄

《努力惜春华》（丰子恺作）

酒，因腰有不适，只能饮点啤酒。虽然吃得很简单，沈老还是很高兴，连说味道不错，还要抢着去结账。

饭后回到旅社房间，继续与沈老闲聊，夜深人静，相谈甚欢，谈得最多的还是丰子恺，从中充分感受到他对丰先生的敬重。他还说，丰先生与弘一法师、马一浮等交往很深，并深受影响，这是缘分。许多事因缘而成，我俩今日相遇相识，也便是因了丰先生之缘。

沈老的朴实随和、平易近人，让我深受感动。当我起意请沈老为晚辈题个字，可惜房间里没有笔墨和纸，沈老就在我随身带的笔记本扉页上用钢笔题写了“广积薄发”四字，落款：“雪南同志留念，一九九二年五月三日，沈定庵时在石门。”并勉励我说：“无论是学书画，还是做事做人，都要趁年纪轻时，坚持多学习、多准备，才会有所成功。”

随后，我们又一同沐着春风，步行至石门镇政府会议室，参加桐乡丰子恺研究会成立相关活动，并合影留念。

因丰子恺的缘分，石门的偶然相遇，让我记住了沈定庵。他题写的“广积薄发”也成了我的座右铭。

伴随一路的美好回忆，上午 10 时多，我按约叩开了沈定庵先生在绍兴的家门，93 岁高龄的沈老依然神清气爽，从客厅沙发起身健步走过来握手笑迎。入座后，我向沈老简单介绍了近期纪念丰子恺先生诞辰 120 周年相关活动和在上海拜访丰一吟老师的情况，并拿出桐乡丰子恺研究会成立合影照及他为我的题字给他看，听我讲起 20 多年前的相遇往事后，沈老笑着说：“那真是有缘啊！”

而我这一趟要寻的却是沈老与丰子恺先生特殊的情缘。沈老深情回忆，娓娓道来。他说：“我出生那年（1926 年）正是弘一法师在上海江湾丰先生故宅为缘缘堂定名之时。幼年时候，我喜欢在父亲的画室里翻读字画书册，就对丰先生的《护生画集》特别喜欢。而后进校就读，国语教科书中的插图，也出自丰先生手笔，同样百看不厌。那时，我也学习书画并有了初步的欣赏能力，经常陶醉在弘一法师和丰先生的作品里。后来国难多变，我追随父亲、庶母落脚广东赤坎，万没想到的是，1944 年 6 月的一个晚上，盟机的夜袭毁掉了我的家庭，夺走了我的亲人，也夺走了弘一法师和丰先生书画作品《护生画集》。尽管人生无常，也多波折苦难，但从来没夺走过我对弘一法师和丰先生的敬仰之心。”

沈老专门谈起了为弘一法师造像的事，他说：“我从小在父亲的影响下，渐渐树起了对弘一法师的尊敬之情。1957 年，我用中国传统肖像画技法，在一张四尺条幅纸上为弘一法师造像，头部画在正中，并写信给丰先生请他代为补身题字。过了三个多月，才收到丰先生回信。原来，是我画的弘一法师头像占纸中面积较小，没有引起丰先生家人注意，后来丰先生发现我信件里提到这事，才急忙让家人从空白纸堆中寻找出来那张纸，丰先生在回信中再三表达歉意，并赞扬我说：‘弘一法师的慈容画得很像，且连肤色极相似。’后来，根据丰先生的提议，还是由我为弘一法师头像补身，再由丰先生题写了‘弘一法师造像’六个大字，并署‘沈定庵绘，丰子恺敬题’。我把这幅画当宝贝收藏，每年只到春节里才挂出来几天瞻仰和祭拜。1964 年，我将这幅造像和平日收藏的弘一法师手迹等都转赠给了泉州弘一法师纪念馆。前些年，我去泉州时特别想再去看看这幅造像，结果工作人员竟说不知道，也找不出来，真是有点失望和可惜呢。”

而同样让沈老惋惜和痛心的是，自20世纪50年代初结识丰先生后，他陆续收藏了丰先生珍贵书画30余件，有绘画、楹联、册页、信札等，其中最让沈老难忘的是一幅题为《努力惜春华》册页小品，含义深长，促人长进。如此珍贵之物，却都在“文革”浩劫中被毁。

触及这方面的回忆，让沈老平添了几分伤感。当我问及沈老与丰先生的见面之缘时，沈老紧锁的眉头才舒展开来，转忧为喜。他回忆说：“我第一次拜见仰慕已久的丰先生，是在1952年，在上海福州路国际书店后面的一间里弄房子里，具体时间已记不清了，但丰先生的热情接待和平易近人，让我终难忘。第二次拜见丰先生是在上海日月楼里，让我印象很深的是公寓底层放置了一架钢琴，墙壁上悬挂着陈毅撰句、丰先生书写的楹联‘彻底改造自己，将心交与人民’。在那个年代，丰先生以此来鞭策自己。我还曾到杭州去见过丰先生并一起用餐。最后一次与丰先生见面是在1973年，我刚恢复了人身自由，特地赶去上海拜望多年不见的丰先生。当时对丰先生的‘批斗’也已差不多了，两人在日月楼里久别重逢，互诉衷情，感慨万千。但当我告诉所藏丰先生字画无奈已毁，实在痛惜之时，丰先生却爽朗说道：‘定庵重头来过！’临别时，丰先生赠我‘横眉冷对千夫指，俯首甘为孺子牛’对联一副。没想到，此去一别，竟是永诀。但丰先生豁达乐观的赠言‘重头来过’，一直给我以很大的鼓励和鞭策。”

说到这里，沈老吩咐女儿沈大晟从房间搬出两个镜框，一件是丰先生画赠的古诗漫画：“家住夕阳江上村，一湾流水绕柴门。种来松树高于屋，借于春禽养子孙。为定庵作，子恺。”沈老点读着漫画落款后说：“这幅画是丰先生晚年应我请求而新作的，意境很好，

《家住夕阳江上村》（丰子恺作）

画得也精工，相当珍贵，我一直用心珍藏着。”

另一件镜框里装着两封丰先生写给沈定庵的信札，其中一封丰先生用钢笔书写的来信：“定庵兄：前寄‘家住夕阳江上村’小画一幅，想必收到。兹有托者：我闲居无事，想看《官场现形记》。家中原有一册，久已损失。不知贵处能借到否？但恐此种旧书，已不通行，无处物色乎。冬安。子恺上，十二月十日。”沈老说：“当时收到这封信后，我也曾有些纳闷，丰先生当时为何要看这本书？上海那么大地方，丰先生这样的大作家，为什么找不到这样一本书？我后来猜想，也可能是丰先生那时心里不舒服，想通过看看这本书来解解心头之惑吧。其实，那时候绍兴这样的小地方确实也难借到这种书呢！后来我托了熟人关系好不容易借到一部，挂号寄去上海，才没让丰先生失望。”

还有一封信是1974年9月14日丰先生用毛笔书写的，“定庵贤棣：永高送来绍兴腐乳，昨已收到。我爱素食，此物最宜佐膳，殊胜感谢！近日秋凉，晴窗写诗，附赠一纸聊供清赏。子恺顿首。九月十四日。”沈老动情地说：“书信虽然短短几行字，但字里行间，情谊满溢，包括信中提到的永高，他姓卢，是我的同乡朋友，原在上海一家点心店里当职工，早年师从李鸿梁先生，后来与丰先生也很要好，特别是在丰先生晚年生病期间，永高殷勤相待，情同一家。正是从这些待人接物的细微中，让我感受到丰先生朴素、真诚的为人品格！”

沈定庵先生已是大家熟知的书法大家，尤其是在当代书法的隶书世界里，堪称泰斗级人物。看着丰先生的这两封信和古诗漫画，我请他谈谈丰先生的书法艺术。沈老早有所备，随手从茶几上拿起一本《定庵随笔》，抽开夹着的小纸条，翻到第406页，指着他多

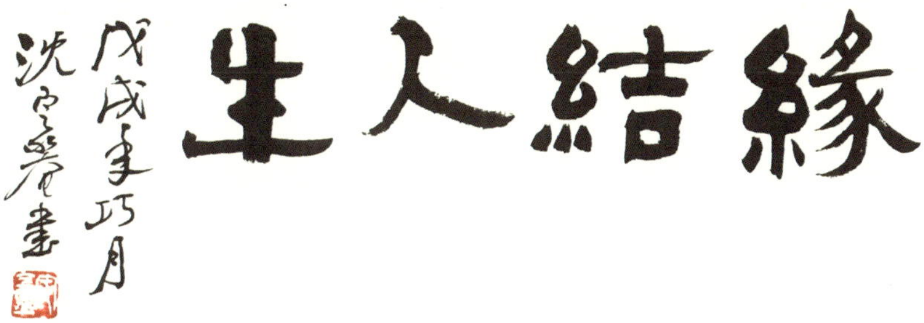

《缘结人生》（沈定庵书）

年前写的一篇文章《丰子恺的书法艺术》，说：“大家多以漫画家、文学家、翻译家、散文家等称誉丰先生，实际上，丰先生的书法也很了不起啊！他的书法艺术同样独树一帜，具有强烈个性，可惜一直没有得到足够的重视和评定，没有把他的书法与他的漫画、文学艺术等同起来看待。”

沈老又点着文章第二段对我说：“这是我以前写的对丰先生书法艺术的评价，你可以看看。”这里摘录下来：

> 丰先生的书法深受其师李叔同的影响，源于北魏，兼习章草，着力于索靖的《月仪帖》，糅合北碑和章草两家的书风，形成了他的书法风格，既有严谨的法度，又富有创新精神。他把深湛的书法造诣用于他的独特漫画，用书法艺术的线条美来增强他的漫画质感，所谓以毛笔作漫画，就是丰先生的创造。他把东方艺术独有的书法美有机地和西方画种的漫画结合在一起，达到和谐统一、潇洒飘逸的境地。用东坡的话“端庄杂流丽，刚健含婀娜”来评论丰先生的书法是很恰当的。他的书法和漫画，有异曲同工之妙。

接着，沈老转身面对装着信件的镜框说：“其实，丰先生写的信札也都是书法佳作啊！你看，这件用毛笔写的信，无论用笔，还是布局，都很认真很好的。”这里再摘录一段沈老文章里的论述：

> 从用笔、结体、布局总体来观，均属上乘之作，每书虽短短数行，但不难察书者高超精湛的书法造诣和认真的写作态度。丰先生的第一封信叙述了我们之间的师生情谊，故其落笔如行云流水，舒畅放怀。在信末署名“子恺”下的“顿首”两字，写来出神入化，

四字连在一起，状若翩翩起舞，富有强烈的音乐节奏感。再盖上一枚“丰氏”朱文印章，真有“画龙点睛”之妙。

总观丰先生的书法，将与其漫画、散文、译著、美术教育和哲理思想共垂不朽，成为宝贵的精神财富。

“这本集子就送你看看了。”我欣喜地接过沈老送的《定庵随笔》，连声感谢之余，稍作翻阅，一眼看到首篇就是《墨海因缘——记丰子恺先生》，沈老对丰先生深切的敬仰之情，由此也可见一斑。我对沈老说：“现在，大家对丰先生的作品、对丰先生，越来越喜欢，越来越敬重了。最近在杭州、北京举办展览，受到空前关注，参观人数创了纪录。明天就是丰先生诞辰 120 周年，在家乡桐乡还将举办一系列纪念活动，丰先生后人将会聚桐乡，丰一吟老师也会赶去出席。”

为此，我用手机录下一段视频，专门表达了沈老对活动的祝贺和对一吟的惦念，他满含深情地说：“一吟姐，明天就是丰老诞辰120 周年，我很高兴。丰先生对我的教育是无尽的。明天的纪念大会，可惜我不能来了，请代为我表示祝贺。前些日子，一吟姐不小心摔了一跤，我很挂念，希望好好保重身体！”

最后，我又冒昧请求沈老题写一个“缘”字，他脱口而出：“我给你写四个字吧——缘结人生。”待他女儿备好笔墨，沈老站定书桌前，挥毫落墨，一气呵成，并亲手盖好章，又说：“人生也都是由缘而生，缘结人生啊！”

2019 年 1 月

跟他学做人

——潘文彦谈丰子恺

在丰子恺先生的众多弟子中，1933 年 1 月出生的潘文彦，年龄是最小的，而他亲受老师的教诲与恩泽却是特别多的，他对老师的理解与感受是特别深的，他记录、传播恩师的思想与精神也是特别多的。

2018 年 10 月 28 日午后，深秋的阳光温暖如春。经宋雪君老师介绍，我找到潘文彦先生沪上居室，潘老热情迎我进门，便见客厅墙上挂着钱君匋先生题写的“若己有居”四个篆字，这是潘老的居室名。

就在这充盈着浓浓文化味的居室里，我简单说明来意后，便开启了一段难忘的访谈。87 岁高龄的潘老身体健朗，精神矍铄，两个多小时的访谈里，他思维开阔，情真意切。

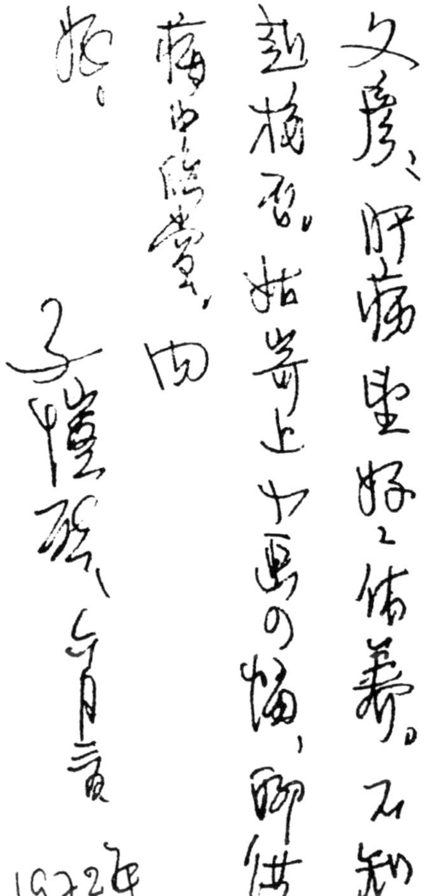

文彦：盼病里好好休养。不知已痊愈否？姑寄上小画四幅，聊供病中欣赏。勿复。

子恺启 六月一夜 1972年

丰子恺致潘文彦的信

潘文彦：我与恩师丰子恺先生真是有缘，要我谈丰公，几天几夜都谈不完。

我想为他做点事情

我当年与丰公子女合著《丰子恺传》，写了第一章。书后附的《丰子恺先生年表》也是我编写的初稿。

1975年9月，丰公不幸离我们而去。悲痛之余，我想为他做点事情。于是，我立志编撰《丰子恺先生年表》。

1975年冬天，我第一次到丰先生家乡石门去，走访了丰同裕、惇德堂、缘缘堂、西竺庵等旧址。接待我的人主要是丰蓉赓、丰坤益、丰桂、于梦全等。丰桂是丰先生的远房侄女儿，与丰陈宝年纪差不多，小时候经常到丰家去玩。于梦全曾是羔羊乡中心小学校长，对丰先生很敬重。他们热情接待我，给我讲了很多事。

后来，我又多次去杭州，找到丰先生的同学、学生了解情况。沈本溪比丰先生低两届，陈瑜清是丰先生在立达学园的学生，抗战时在内地与丰先生也走得很近。他们介绍了很多情况，又介绍我去见了杭大的校长郑晓沧先生。

在上海，我先后访问过丰先生早年的朋友刘质平、吴梦非，上海画院的名画师唐云、程十发，上海作协的老作家王西彦，丰先生早年学生钱君匋等，讲了很多事。去见吴梦非，可惜他因中风话语不清，他女儿在边上做起了翻译。

就这样，一个一个去寻找和访问。当时，这些走访都是“偷偷”进行的，但都得到了大家的热情接待和支持，给了我很多帮助。

1977年底，我写出了丰子恺先生年表征求意见稿，自己动手钢板刻印，半公开地发出去征求各方面意见，再修改完善。1978年10月，写成了《丰子恺先生年表》初稿。后来，在广洽法师的帮助下，由香港时代图书公司出版发行。这可以说是研究丰子恺先生的第一本史料。当然，限于个人能力和当时历史条件，还有很多不足。但这是我对恩师的一份纪念。

我为何敢用“立雪丰门”

今年7月，我出版了《若已有居文存选》第三卷，这是桐乡叶瑜荪先生推动的。最近，在出版一本书《立雪丰门》，还没印出来。为什么取这个书名？

我们都知道“程门立雪”这个典故，而我敢用“立雪丰门”，是因为丰先生被打倒关牛棚的时候，只有我敢去。我作为一个平凡的理工学士，三生有幸，能被丰子恺先生接纳为学生，受老人家亲炙，整十八年。而“文革”浩劫，丰先生遭受生平最大之灾厄，我深感锥心之痛，故而敢冒风险，主动到上海画院将被批斗后的老人家，护送回家，还时不时给老人家以安慰。这是我对老师由衷的敬爱之情。因此，我才敢用“立雪丰门”为书名。

丰师母说：“文彦良心是好的。丰先生没说，可心里有数。”有一件事情可证明。“文革”后期，丰先生得以落实政策，返还了被抄家的物品，其中有不少是他的书画精品。丰先生把它们一份一份分好，分送给子女、学生，其中有一份是专门包好留给我的。1973年元旦刚过，他写了一封信给我爱人，让我回到上海后去拿。我很高兴去了丰先生家，他从小书桌的抽屉里取出纸包说：“文彦，这是画院还回来的，世事无常啊，分一份给你，留作纪念。”我打开来，但见是绘制在硬质纸上的小幅精美画作，是我从没见过的精品。这是他六十岁前后，精力最好的时候创作的，原来是自己收藏的，后来被画院抄去了，现在又还回来。

这是丰先生自己喜爱的珍藏之物，有书法，有绘画。画虽然不大，但画得很好。因为这是丰先生送我的纪念，我一辈子藏着。这次出版时，我把它拿出来印在前面，公之于众，供大家欣赏。

从这里看到他泰然的生活态度

这次一起出版的，还有丰先生送我的一份书法长卷精品《调笑转踏》，两个套起来，用了一个封套。手卷实际长度 3.33 米，手卷引首是刘海粟先生题字：“手迹常持。”后面有王个簃、程十发、陈从周、钱君匋等人的题跋，这次全部印出来，总共有 5 米长。

这份书法长手卷，是丰先生被关“牛棚”时写的，他每天早上 4 点起来洗漱后便写一段书法，然后到牛棚报到、受批斗。每天写的一段一段书法，连接起来成了 3.33 米的长卷。从中不光看到丰先生书法艺术的美，而且能看到他泰然自若、处变不惊的生活态度。

记得有一天晚餐时分，我的舅舅来我家，他知道我和丰先生的关系，告诉我外面传说丰子恺自杀了。我马上放下饭碗，

《前面好青山，舟人不肯住》（丰子恺作）

急急忙忙转乘了两辆公交车，到了日月楼，直奔二楼一看，丰先生却坐在那里饮酒。我一路上急切的心，一看到他就放下了，而他看到我脸色慌乱，问我："文彦怎么了？"我说："没什么，没什么。"其实我还在一直发抖。我看到他剪掉了胡须，他拿掉帽子说："文彦，这个不要紧的，野火烧不尽，春风吹又生，这会慢慢地长出来的。"后来这个话传出去了，有人写文章时说道："丰先生笑嘻嘻说'野火烧不尽，春风吹又生'。"其实哪里是笑嘻嘻。

当时，来看丰先生的人少了，都是有原因的。有个学生胡治均，被划为右派，他不去，是保护丰先生，怕连累丰先生。还有一位朱幼兰，是个佛教徒，曾为《护生画集》题字，也是为《丰子恺先生年表》题字的，与丰先生关系不错，他自己在一个中学里当总务主任，"文革"时被打倒、批斗，所以他也不去找丰先生了，也怕连累丰先生。我那时33岁，没有什么把柄，觉得不会连累丰先生。

丰先生在民间深入人心

孟子说："恻隐之心，仁之端也。"恻隐之心用现在话说是同情心。仁是什么？韩愈讲得最清楚："博爱之谓仁。"

我想，一个人有爱心，也就是说在感性上经过培养的，破坏力就会小。比方说，"文革"期间，丰先生自己写了大字报，有人要他在淮海路上用长梯子自己爬上去贴，下来后有个人悄悄对他说："丰先生，我是很崇拜你的。"丰先生连说："不要这样说。"

还有个三轮车工人的故事，是我亲身经历的。那是在1966年秋，一个有雨的下午，我怀着忐忑不安的心情去上海画院探望丰先生，无奈地等待到批斗结束，我赶紧扶丰先生走出画院，两人顺着岳阳路走了十来米，就等来一辆三轮车，彼此并无多言。我扶丰先生上车后，并和车夫说："到陕西路新乐路口……"丰先生说："不用讲的，他知道。"当时，我有点疑惑，这究竟是怎么一回事，但也不便问丰先生。一路上，我默默关注着，记住了车夫的背影：穿深色上衣，外套蓝色布背心，脚穿一双黑跑鞋。三轮车停在了离长乐村还有几米远的地方，车夫回头一招手，就默默离开了，也没有收钱。我见到他一张方正的国字脸，平头，猜他的年龄约莫40岁。

后来，丰先生告诉我说："他天天来接我，但不到画院门口，趁人不注意时就靠过来。"我问丰先生："你们认识吗？"先生说："我送过他一张画。"这件事情我印象很深刻，从中也让我感受到，有那么多普通的人们喜欢着、爱护着丰先生，他应该是可以平安的。

而我和这位三轮车夫的第二次见面，是在龙华殡仪馆大厅举行的丰子恺先生追悼会上。那天，来了好多参加悼念的亲朋，仪式结束后，很多人不忍离去。这时，有一个人从大厅外哭着急步进来，他并不像其他人一般行鞠躬礼，而是坐在地上嚎啕大哭。我扶起他时，认出了就是当时接送丰先生的那位三轮车车夫。当时现场人多也乱，忘了留下这位三轮车车夫的名字和联系方式。

这件事情，我和丰先生后人讲过，大家都很感动。宋雪君后来还跟媒体记者说起这件事，希望寻找这位车夫，但一直没找到。我常想，这位三轮车车夫是一个很朴实的人，他对丰先生的感情也是纯粹的、朴实的。丰先生的影响，在民间也是很深入人心的。

丰先生是一个完美的人

我觉得，跟他学做人是最重要的。慢慢地，从他那里学应该怎么做人。但要学到像丰先生一样是做不到的，只可学，不可及。现在，很难找到像丰先生这样的为人了，他老人家是我心中永远的榜样。

对于新中国、新社会，丰先生待之以百倍的热情，踊跃参加劳军，为军人免费作画，且有求必应。

此外，丰先生决定搞翻译。年过半百的丰先生，以惊人的毅力自学俄语，且进度神速，他翻译了苏联的教材，如《幼儿音乐教育法》《幼儿美术教育法》等。1953年，他曾写信给朋友夏宗禹说："书画绝缘了，病中学俄语，将来要集中精力读书，失彼得此。今后专门从事苏联文学翻译介绍。"

"文革"期间，我到丰先生家里去，他再三关照我，不要把他外面受批斗的事跟丰师母说。师母问他怎么样，他总是说："没什么，他们待我很好的，他们觉得我年纪大了，就会放松些。"丰先生外面再怎么受苦，回来总跟家人说没事、很好的。他总是自己默默地把最苦的事担起来。

丰先生的每一次谈话，都给我留下终生难忘的印象。他教我的不仅是学问，更重要的是做学问的方法，做人的根本。这是最重要的，也是最有价值的学问。

可以说，无论从哪一个方面说，丰先生都是一个完美的人。我最近在纪念文章里写到，他有诗人的灵感和情怀，他有艺术家的潇洒、幽默，他有哲学家的睿智，有佛教徒的慈悲和道行。无论从哪一个角度去看他，都是完美的，真是不容易的，当然这也不是偶然的。我相信，十年、二十年以后，丰先生的作品还是会流传的，还会有人研究他、发扬他。他跟其他世界上伟大的艺术家一样，他的作品能够载入史册。丰先生多次跟我说过的："人生短，艺术长。"所以，研究他、学习他，很有必要。

访谈结束之际，我请潘老题字。他便题写了最近的词作：

霾消颜改，处处丰神在。洒向人间都是爱，柳燕春风似海。

平生潇洒云襟，随笔漫画雅吟。最喜小中见大，护生原意护心。

这是潘老由感而作、发表在《新民晚报》的一首《清平乐》，饱含潘老对恩师丰子恺先生最深切的感受与怀念。

丰子恺先生诞辰120周年纪念活动前一天（2018年11月8日）下午，在桐乡君匋艺术院举行了简朴的《立雪丰门》首发座谈会。潘文彦先生率先发言，深情回顾了他与恩师丰子恺的不解之缘。他说：

自从追随了丰先生后，我的心里头也亮堂起来，常常会有一种难言的感悟和感动涌上心头。在丰先生身上，我看到了他崇尚的是

《借问过墙双蛱蝶，春光今在阿谁家》（丰子恺作）

率真和明静，他崇尚的是自由和平等。

丰先生为我树立了一座精神丰碑，仰之弥高。现在，我大概知道，什么是艺术？艺术有什么用？艺术绝不是玩玩的事情，艺术使人体验到造型美，进而体验到情感美、意义美，它会给人美的享受、精神的享受。艺术是造就完美人格的不可或缺的重要部分。我们日常的生活阅历之外，必须要有“看看是无用，其实是有大用”的精神享受。气质，永远是超越物质而存在，正所谓“腹有诗书气自华”。有知识，更要有情趣；有风格，更要有风骨。

2019 年 10 月

这是一种精神
——陈星谈丰子恺及其研究

几十年来，美术界、文学界、音乐界、宗教界，常有人来找我，要我当“导游”，而我是那么吃力，父亲的知识面太广了，我确实应接不暇。然而，我终于感到自己负有不容推卸的责任。

在这些希望畅游于父亲的艺术世界里的人之中，有一位“旅游”欲非常旺盛的人，他就是本书的作者陈星。

这是1987年丰一吟在陈星的第一本书《潇洒风神——丰子恺传》的序言里写到的。她称赞陈星“为人热情，精力充沛，办事极其认真”。为此，她高兴地向大家推荐一位热心的“导游”——陈星。

而在2006年陈星出版的专著《新月如水——丰子恺师友交往实录》序言里，丰一吟再次称道陈星是热心的“导游”，并说：

《鸥鸟可招》（丰子恺作）

在陈星的第一本书出版后的十年，也就是1997年，他在杭州师范学院成立了弘一大师·丰子恺研究中心，几乎是将全部的心力投入到弘一大师和丰子恺的研究事业之中。他似乎从来不知疲倦，一如既往地热心于“导游”工作。社会对弘一大师·丰子恺研究中心的高度评价自不必说，而陈星的努力也因此被广泛认可。

如今，陈星对这份“导游”工作的热心和努力，已经执着坚持了近四十年，而且始终热情不减。

20世纪90年代初，我从石门缘缘堂购得陈星撰写的《人间情味——丰子恺传》，由此深深记住了这位“导游”。而后从他更多的文章和著作中，畅游和领略了丰子恺先生的艺术美景和人间情味。

2018年12月21日下午，冷风小雨里，我来到慕名已久的杭州师范大学弘一大师·丰子恺研究中心，在陈星老师的办公室，开启一段暖心的访谈。

笔者：陈老师，这些年您一直在研究李叔同、丰子恺先生，请您谈谈研究丰先生的缘起、主要经历、成果和心得。

陈星：我是1983年大学本科毕业，1982年开始着手学位论文。那时，不知自己应该写什么，说句老实话，我那时连丰子恺是谁都不知道。我请教我的老师：我该写什么？他给我提了一个建议：你可以考虑丰子恺的散文研究。

我学的是中文专业，当时也有点感到莫名其妙，丰子恺究竟是什么人物？后来老师指点：刚刚出了一本丰子恺的散文集，你可以买来看看。我从这仅有的一本散文集，好像是丰一吟她们编的《缘缘堂随笔集》，从前言后记里面大概了解了一下丰先生的生平，稍有点印象。紧接着看他的散文，觉得确实别具一格，与别的散文不一样。于是，我下决心以丰子恺散文研究作为学位论文的内容。

但是，作学位论文需要大量资料，读大量的书，了解更多情况。这个时候，另外一位老师给我介绍了杭州大学的丰宁馨教授。她是丰先生的女儿。然后跑到她家里，记得是在杭大大门斜对面的杭大新村，她很热情地接待我，也很高兴有学生愿意写丰先生有关的学位论文。但她说，她是杭大数学系的副教授，如果你真的有心要研究丰子恺，你可以到上海见我的姐姐、妹妹。由她介绍，我跑到上海见到了丰陈宝、丰一吟老师等，向她们讨教了很多。她们当然也很高兴，鼎力支持，那个时候几乎没有年轻人选择研究丰子恺。

这样，我很顺利地写了学位论文，记得题目是《丰子恺散文艺术特色研究》。毕业后，本来也未必一定要走上研究丰子恺先生这条道路，但由于意犹未尽，读了他更多画和文章，觉得还有话可说。同时，在研究丰子恺过程中，也了解了弘一大师，对这两个人物的研究，毕业后同步进行，都投入了相当大的热情和精力。那时，年轻人选择这两个人物作研究对象，真的很少很少。

1984年，丰陈宝、丰一吟老师发起成立丰子恺研究会，当时会员只有10个人不到，我也是其中之一，算是首批会员。当时会员主要集中在上海、北京，包括毕克官等。从那时开始，我非常执着地选择这条路，开始走下去。

当时民政部门对社团管理不是很严格，丰子恺研究会一直存续到20世纪90年代初。后来，民政部门要求社团需要有挂靠单位，当时丰子恺研究会因为没有挂靠单位，只好解散。90年代初，桐乡成立丰子恺研究会，我是桐乡丰子恺研究会的顾问。其内部通讯资料《杨柳》一直是我在编，从今年开始改由印刷厂印刷，这几天我正在校对新一期的《杨柳》。

为了对弘一大师、丰子恺两位先生作系统、全面的研究，1997年我发起成立“弘一大师·丰子恺研究中心”，到今年已21年了。通过研究中心，开了三次丰子恺研究国际学术会议和六次弘一大师研究国际学术会议，带领团队进行学术交流，与上海、天津、桐乡、平湖等地合作也很多，共同努力做了一些事情，很多工作算是开创性的。

一路走来，我也到退休年龄了，个人认为很值得。对这两个人物的研究，并没有因时间关系而削弱自己的热情，反而越研究越觉得有待深入挖掘的东西越多。所以越到年纪大的时候，不像年轻时拿到一个题目就写。现在我对十年前写的东西根本不满意，我觉得非常草率，非常稚嫩。最近十年，我倒是觉得写出来的东西有了一点严谨的学术态度，是抱着一种负责任的态度在做。近几年，做了几个大规模的科研项目，包括《丰子恺年谱长编》《丰子恺佛教绘画的平民化意识与警世价值研究》《智慧灯——弘一大师研究论稿》。目前，手头上在做《弘一大师年谱长编》。

如果说体会，首先这两位是非常了不起的人物，是值得弘扬和花精力深入研究的两位人物。同时，相对于社会上对弘一

《天空任鸟飞》（丰子恺作）

大师和丰子恺泛泛的评论、评价，我们中心的研究更强调学术性、文献性。我在研究中，既把他们非常光彩的一面尽量弘扬开来，同时也会分析他们两位人生道路中发生的一些事情，实事求是地呈现出来，这样才是客观的研究。

笔者：几十年来，您一直在研究和弘扬弘一大师与丰子恺的艺术、精神，刚才也谈了一些体会。您对丰先生最大的感悟是什么？

陈星：最大的感悟是，他不会随着时代或者说经济社会的发展而慢慢淡化其影响，反而随着经济社会的发展和文明程度的不断进步，他身上散发出来的闪光点和艺术精神，越来越被大家关注和承认。

笔者：可以说，无论弘一大师还是丰子恺，在他们那个年代也许是非主流的文化人物。但他们低调、务实，专心致志地在做自己的事情。而随着时间的推移，特别到当今时代，社会和大众对弘一大师与丰子恺的关注、喜欢、热爱，一年一年热起来，包括今年适逢弘一大师出家100周年，丰子恺诞辰120周年，掀起了新一轮“弘丰热”，这一现象您怎么看待？

陈星：我觉得这是一种精神。举个例子，我曾经研究一个课题“白马湖作家群”，早年曾经在上虞春晖中学任教的一批可爱的文化人，如朱自清、朱光潜、丰子恺、夏丏尊、经亨颐、匡互生等，是非常有爱心的一个文化群体，他们在白马湖任教，我把他们归纳为“白马湖作家群”。在研究“白马湖作家群”时，我发现了一张画，很能说明问题。这张画是漫画家鲁少飞画的《文艺茶话图》，他把各个流派方方面面的作家画在了一张图上，他们在一起喝茶，墙上还挂了像高尔基、明代袁中郎等的画像。

在这张文艺茶话图里，大家看似一团和气，而事实上画面描绘的作家有现代派、鸳鸯蝴蝶派的，有文学研究会、左联的，方方面面都有。平时各方吵得不可开交，到处论争。但非常有趣的是，这张画上没有一个白马湖作家群的人，如叶圣陶、朱自清、夏丏尊、丰子恺等都不在图上。而就当时文学成就而言，他们早就超过了这张图上的一些人，像朱自清的散文，叶圣陶的童话、小说，丰子恺的散文，夏丏尊的散文等。

分析这张画非常能说明问题，说明画的作者希望他们不要再争论了，好好地为文学事业团结在一起，做一些实实在在的文学艺术工作。这些人中没有白马湖作家群的人，说明他们不事论争、与人为善，而是抱有一腔文化热情，怀有爱心、张扬美育、为人低调，在教育文化、出版和文学事业上做着扎扎实实的工作。

笔者：刚才，您也提到，在研究丰子恺与佛教绘画，还专门写过一本关于《护生画集》的书。前些年，对丰先生创作《护生画集》也有不同理解，可能较多从佛教行为角度去理解。现在，大家反而认为丰先生大量的护生画创作非常了不起，很不容易。您是怎么看待的?

陈星：说明现代人素质、素养与过去比有了提升。《护生画集》创作过程中，争论最大的还是在二十世纪三四十年代，比如柔石、曹聚仁等都对《护生画集》提出过批评意见，大概意思是说太消极，或者说为保护动物不杀生，也就不要抗战了。其实，丰子恺当时已写了很多文章，对自己创作的《护生画集》作了各方面解释，大意是说我们所提倡的护生是一种手段，达到一个目的是养成人的仁爱之心，所以护生最终目的是护心。

至于讲到抗战特定时代背景，当然是要拿起枪杆来抵抗杀敌的，但是我们是要抱着一种高远的诉求从事所谓的杀敌，是什么呢？我们最终的目的就是以杀止杀！就是通过抗战杀敌，最后实现世界的和平。世界的和平，是互相不再残杀。我们的护生最终要落到护心的角度。

当时双方争论还是很多的。至于为什么到了今天，很多人看了《护生画集》，更多的是乐意去接受呢？我觉得是当今读者的人文素养、文明程度有了很大提升。他们非常清楚，画这些画的目的是为培养我们的善良之心，从这个角度来创建和谐世界、美好社会。当时丰先生带着美好的愿望创作《护生画集》，那么我们也带着美好愿望去读《护生画集》。不要去执着于《护生画集》中的某一张画，不要执着于具体画面中所取的材料，你要理解他通过一张画想表达一种什么思想，追求一种什么境界。今天的人，大都能理解，所以对《护生画集》抱着善意的态度在阅读、观看。

笔者：丰先生对杭州也情有独钟。从读书开始，到后来也居住过一段时间。他自己也说杭州是第二故乡，说明杭州给丰先生很好的印象和很大的影响。您觉得杭州给丰先生的影响主要在哪些方面？

陈星：这个我觉得，从历史看，丰先生16岁到杭州读书，无论后来在上海工作，还是在家乡石门写作绘画，他每年春秋都要到杭州来。抗战结束后，他短暂地在杭州居住过一段时间。新中国成立后，在“文革”前，他几乎每年都要到杭州来游玩、写生，调整自己的心态等。从丰先生人生经历上来讲，他与杭州非常有缘分，而且感情也很深。

李叔同肖像（陈星绘）

丰子恺肖像（陈星绘）

至于杭州这个地方对丰先生有什么影响？我觉得可能是杭州西湖的山水地域和人文环境，让他觉得是个非常适宜生活的地方，他在自己的散文、书信中不止一次写道：如果论住家而言，杭州是最好的选择。这首先从感情上拉近了距离。至于在杭州的所见所闻、亲身感受以及自己游历、考察，留下了很多关于杭州题材的散文、漫画作品，这在他的艺术生涯中也是很浓重的一笔。以散文为例，有很多的代表作都与杭州有关，环境触发他的感悟，包括世俗人情。比如说《山中避雨》《杨柳》《口中剿匪记》等，都是他的代表作，因为杭州的人和事、山和水给他灵感。杭州对丰子恺来说，是个重要的地方。

笔者：丰子恺有不少弟子，有些是为学习艺术而来的；有些与丰先生关系特别紧密的弟子，并不是为追求文学艺术而来。这是否是丰先生较为特殊的一面？

陈星：我觉得这与丰先生受了弘一大师观念影响有关。首先按照我们的常理，他的一些弟子，都是一些艺术出身的，或者对艺术有兴趣。但无论是李叔同还是丰子恺，都有鲜明的人生态度和文化站位。李叔同竭力主张“士先器识，而后文艺”。首先要做一个堂堂正正的、有道德修养的人，然后再去追求文化艺术事业。丰先生自己也说过，一个人须有纯正的心，具有同情心。若如此，即便不会写文作诗，不会拿笔绘画，他也能具有一颗艺术的心灵。只要具有一颗艺术的心灵，我和你就是相通的。反过来，歌唱得很好，文章写得很漂亮，但是你的为人、人品、人格不高尚，你仍然成不了艺术家。

丰先生继承李叔同为人处世的原则，他自己也抱定了这样的处世态度，所以当一些年轻人希望成为他的弟子时，他首先考虑的是这个人是不是一个纯正的人，是不是一个人格高尚的人。假如是，即便不是从事文化艺术的，仍然可把你当成弟子看待。所以，丰先生的弟子中有好多位原来不会画画、不会写文章，但是师从他以后，居然也能作画写文，或懂画懂文了。

访谈结束之际，我请陈星老师题字。他欣然写道：“以艺术作方便，以人道主义为宗趣。感悟丰子恺先生，陈星。”

一位传道授业的老师，一位潜心研究的学者，陈星以他特有的认真、专注和坚持，把学习、研究弘一大师和丰子恺融入自己的工作与生活，并形成一种不懈的追求。

他对丰子恺先生的研究，是一种追求，也是一种精神。

2019年10月

金石延缘情更重

——鲍复兴谈丰子恺

2018 年 11 月 15 日下午，我如约寻访鲍复兴老师，他和师母都是桐乡人，师母还曾在我老家洲泉镇工作过，乡情亲切，也是缘分。

鲍复兴是著名的篆刻、书法家，西泠印社社员。二十世纪八九十年代，曾任桐乡文化局局长、桐乡文联主席。而后转至杭州担任浙江省博物馆副馆长。作为桐乡有名的乡贤文人，鲍老师很受大家敬重。我最早见到鲍老师还是 1992 年 5 月，在缘缘堂，桐乡丰子恺研究会成立那天。这些年来，在杭州和桐乡常有晤面，但与他深聊还是第一次。

讲起丰子恺先生，鲍老师先从书房里拿出一幅丰先生书法真迹给我看。这是丰先生专门为鲍复兴撰写，录白居易《钱塘湖春行》：“孤山寺北贾亭西，水面初平云脚低。几处早莺争暖树，谁家新燕啄春泥。乱花渐欲迷人眼，浅草才能没马蹄。最爱湖东行不足，绿杨阴里白

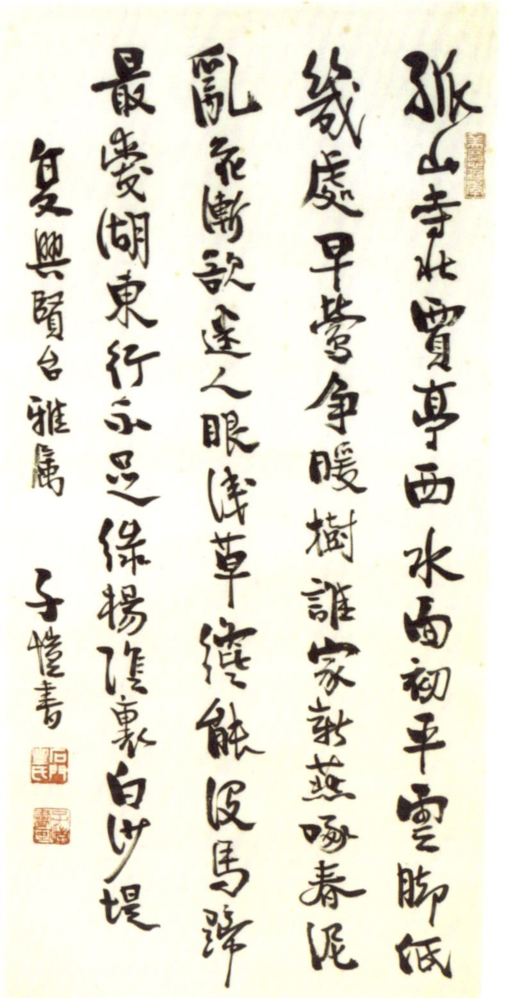

《钱塘湖春行》（丰子恺赠鲍复兴书法）

沙堤。”落款：“复兴贤台雅属，子恺书。”启首章盖的是钱逸云先生刻的“美意延年”，落款章刻的是“石门丰氏”“子恺书画”。讲起这幅珍品的来历，鲍老师很是兴奋。

鲍复兴：1975年4月，丰先生回石门省亲，住了两周时间。那时，我在桐乡崇福工作，是桐乡化肥厂的一名年轻技术员。这年已是“文革”后期，丰老得到可以离开上海回故乡探亲的许可，这是在暮春时节丰老人生中最后一次回故乡。等我得知消息时，丰先生已返回上海，失去了见丰先生的最后一次机会，觉得很遗憾。当年5月，碰到同乡、上海篆刻家钱逸云，我和他说起此事，他安慰我说，他和丰先生很熟悉，又是对门邻居，住得很近，经常往来，回上海后可帮我去讨幅作品。6月初，我果真收到了钱先生寄来的丰先生书法作品。

收到这幅作品，我特别高兴。一看落款“复兴贤台雅属”，丰先生很客气，当时我还是30多岁的小青年，没结婚呢，丰老对我这个未曾谋面的乡小弟如此抬爱，让我深为感动。

这大概是丰先生1975年6月初写的作品，他8月底就住院，9月份因病去世。这幅作品写得很好，当年，我曾和同乡于梦全等人共同欣赏，还讨论“贤台”什么意思，敬字“贤”和“台”一般是单独用的，这里为什么合在一起，说明丰先生为老乡写字很高兴。

我总算得一丰先生墨宝，也是缘分。如果那年丰先生不回来，如果钱先生不到我家里来，都不会有这幅作品。为此，我曾写过一篇回忆文章《我与丰子恺先生的翰墨情缘》。

后来我想，这幅书法诗词是写西湖的，我从小向往西湖。刚工作时曾路过西泠印社，到海宁人吴振华那里坐坐，觉得他在西湖边刻图章，真当是好福气，我可能一辈子都求不到这种机遇。在西湖边上做你喜欢做的事情，多好啊！结果哪里知道，到了五十岁以后，我也到了西湖边上了，应了丰先生写给我的这首诗的意境。我在西湖边上班七年，身在西湖核心风景区，吃过中饭、晚饭便可到西湖边走走，春天可以看桃红柳绿，夏天可以欣赏曲院风荷，秋天可以观平湖秋月，冬天可以踏雪寻梅。

前些年，我把这幅作品翻拍后请华宝斋印了五份，上面请丰一吟题写“先父遗墨”，下面我自己写了一篇跋文，记述这篇作品怎么来的。跋文写道：“一九七五年六月，沪上篆刻家钱逸云先生代我向丰子恺先生求得白居易诗钱塘湖春行书法一帧，丰老赐款‘复兴贤台雅属’，令我受宠若惊。然不期三个月后，丰老病逝，故此件可谓丰子恺先生晚期之作，更显弥足珍贵。翰墨因缘，丰恩永铭，余视其为至宝。今委托华宝斋以原作精心制版限印四份，并请丰一吟先生题耑，虽为印刷亦可视作下一等丰老墨迹，以此分贻家人，永作纪念珍藏。砺斋鲍复兴于癸巳立夏日。”我给儿子和两个女儿各留一份，这是次一等真迹，中间复制，两头真书，当作传家宝了。

这是特殊的缘分。后来，我调到桐乡文化局工作，分管茅盾故居修复、缘缘堂重建、君匋艺术院和徐肖冰侯波艺术馆新建，这是正好碰到的机会。当时重建缘缘堂，广洽法师捐了三万元，政府出资拆迁等，也出了三四万元。当时，丰新枚还有意把100幅丰先生画作出价三万元转给桐乡，我向领导汇报，领导觉得造

TK

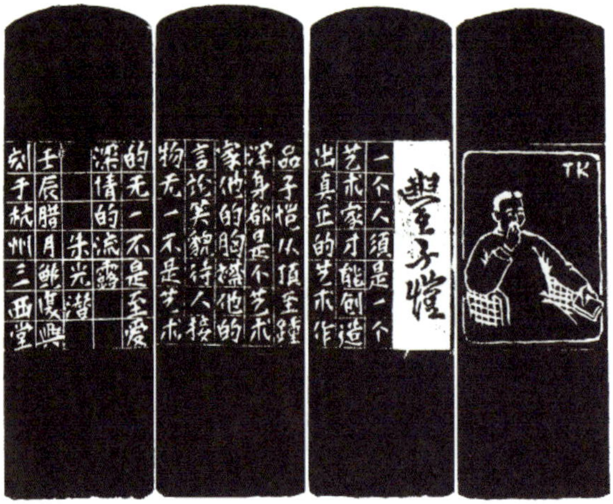
豐子愷
一个人須是一个
艺术家才能創造
出真正的艺术作
品子恺从頂至鍾
浑身都是个艺术
家他的胸襟他的
言谈笑貌待人接
物无一不是艺术
的无一不是至爱
深情的流露
朱光潜
壬辰腊月鲍复兴
刻于杭州三西堂
TK

丰子恺肖像（鲍复兴刻）

个房子才六万元，还要出三万元买画，没有同意。省博物馆得悉后出资买下了。还有广洽法师愿把450幅丰先生《护生画集》捐给桐乡，领导也觉得没地方保管也没同意收，后来还是由浙江博物馆收藏了。没想到的是，后来我又到浙江博物馆工作了。

1986年，缘缘堂重建落成典礼之际，广洽法师专程到桐乡，坚持要在缘缘堂过夜，不到安排的宾馆去住。他说，这是丰先生住过的地方，简单一点没关系。但因当时石门还没开放，境外人士不能留宿，最终还是未能如愿。

落成典礼结束后，一行人再去省博物馆参加捐赠仪式。钟桂松曾撰文回忆，他和我两人去接广洽法师，因文化局没有车辆，向县工业局借了一辆“皇冠”车。车开到半路上一个岔路口，冲出一辆运毛竹的卡车，毛竹滑落下来，有毛竹穿到我们车子底下，如果再高一点就危险了。

重建缘缘堂时，丰桂讲起，她家里有一对烧焦的门，是她爸爸抢出来的。我说这个好，后来按门的尺寸做进缘缘堂，为保护，在其边上加做了个门堂。这是缘缘堂的原物，很珍贵，特别是烧焦的门，更是证明日本侵略军的炮火毁了我们的家园。

有点遗憾的是，当时资金紧张，重建缘缘堂的楼板、档梁之类都是水泥加工的，无非做成了木头样。图纸是君匋艺术院的范汉光老师画的，根据丰陈宝、丰桂等的回忆，丰陈宝还画了个图，回忆一间一间房子的样子并画下来，包括前后院子。

缘缘堂重建后，专门请胡治均临摹丰先生的画，请丰一吟临摹丰先生的字，两人合作完成一批画作并陈列出来。当时，丰桂已退休，请她在缘缘堂帮忙管理、接待，她熟悉丰先生，也很热情，好多人来缘缘堂，都是她热情接待的。还有丰先生的外甥蒋正东，让他看管缘缘堂房子，晚上也住在那里，兼顾搞点卫生。

缘缘堂中堂上的一幅画本来是吴昌硕画的，重建的时候是不可能再画出来了，请唐云画了一幅梅花。过了好多年，有一天，这幅画被偷。小偷是半夜里来偷的，拎了包跑到崇福，被巡逻队员发现盘问后扣下来。第二天早上，派出所打电话给我，我们马上赶去拿回来。这幅四尺整张的梅花，后来也不敢挂出来了。

1992 年 5 月，桐乡成立了丰子恺研究会。当时，有一批人喜欢丰先生的文章和书画，也做些研究。叶瑜荪就是其中一位，后来他还担任了研究会会长。缘缘堂的匾额是他刻的。大家都乐意为缘缘堂，为弘扬子恺艺术文化做点事。

我已写了一本《君匋艺术院建设记》，《缘缘堂建设记》还没写出来。我当时记日记，很多事情在日记里记下来了，得花功夫整理出来。为了重建，我还和丰先生子女通信不少，现在都是珍贵的资料。我争取尽早把《缘缘堂建设记》写出来。

2013 年 7 月，鲍复兴出版了一部《缘缘堂印谱》，谨以此书纪念丰子恺先生诞辰一百一十五周年、石门缘缘堂始建八十周年。丰一吟题写了书名。作为倡议和策划者，钟桂松先生专门撰写了深情而优美的序。这里摘录一段：

《缘缘堂印谱》的别具一格之处，还在于其丰富多彩，除了复兴兄的印面边款美不胜收之外，还有丰子恺散文的精彩文字和他相应的漫画，这些文字和漫画本身是丰子恺散文和漫画中的精品，现在与印章结合在一起，让这部印谱的审美价值有了新的高度，让已经诞生八十年的缘缘堂有了生命的质感。丰子恺散文和漫画里的那种生活感悟的厚度、高度和境界，有许多是无人企及的，所以二十一世纪的人读起来格外亲切，格外温润。因此，《缘缘堂印谱》是一部书画印完美结合的书，相信在欣赏复兴兄印章的古朴之美时，也能欣赏大师丰子恺的美文精彩片段和充满生活情味漫画，让读者从中感受到真善美的力量。如果这样，那么，复兴兄纪念石门缘缘堂诞生八十周年而创作的这部《缘缘堂印谱》就功德无量了。

鲍复兴老师说："我已答应衢州博物馆的邀请，准备 2019 年 1 月不单展出印章，我还临摹了子恺漫画。"

随即，鲍老师又去书房捧出一叠画来，打开包封，便见首页："丰韵多彩，丙申年九月，丰一吟书。"鲍老师翻着一幅幅画说："这里共有八十幅画，和原先的八十方印章一一对应，更丰富了。我还专门刻了一方章'复兴临摹子恺漫画'，盖在每幅画上。"确实，我看过很多鲍复兴老师的篆刻和书法作品，而他的仿丰画还是头一次看到，我是先睹为快了。凭着鲍老师深厚的书法篆刻功底，凭着他对子恺艺术的深切理解与景仰，鲍老师的仿丰画出手不凡，别具韵味。特别是，与他的缘缘堂印章对应起来，艺术相通，相映生辉，更有意境和价值。

访谈结束之际，我请鲍老师在"寻缘"长卷上题字。他转身从陈列柜中拿出一方印章："这是丰先生造像，专为丰先生诞辰 115 周年而刻，可以盖在长卷前面，纪念丰先生诞辰 120 周年。"我连忙回应："这太好了！"

认真思索之余，鲍老师在长卷上先用大篆凝神书写"潇洒丰神，爱满人间"八字，再用行书重写两行小字，落款："戊戌初冬乡后学鲍复兴敬题"，并钤印。

而后，鲍老师拿起那方丰先生造像章，用心琢磨位置后，用力钤在长卷开头上方，丰先生头像跃然而出，栩栩如生。此章一钤，使长卷增色不少。

2019年2月19日下午，久雨之后难得的晴好天气。我趁出差衢州之际，赶去衢州博物馆参观"金石延缘——鲍复兴《缘缘堂印谱》及漫画陶刻展"，鲍老师创作的《缘缘堂印谱》、80方篆刻印章，临摹《缘缘堂印谱》中配套的80幅子恺漫画，以及13把分别刻有子恺漫画和篆印的紫砂壶集中展出，精心布局，辉彩相映，让人一饱眼福。

2019年4月

一座名山
——叶瑜荪谈丰子恺

丰先生晚年经受这场时代灾难的折磨，以前我总是担心他的睿智将委顿于是非颠倒的强暴面前，他的才华将困厄于势利喧嚣的世俗之中。事后才知我们那种软弱无力的忧虑是根本多余的。丰先生不愧是“二十世纪动乱的中国最坚毅笃定的文艺大师”。在“文化大革命”时期，他却仍能充满自信，保持着积极勤奋的人生观，不但写出《缘缘堂续笔》，完成《护生画集》第六册，整理重画了四套《敝帚自珍》漫画，还翻译了日本汤次了荣的《大乘起信论新释》和《竹取物语》《伊势物语》《落洼物语》等日本著名古典故事集，又重译夏目漱石的《旅宿》，并将这些文稿、画稿一一交给子女、学生收藏起来。这一切，在当时环境中的大多数人是无法理解的。这需要何等的信念呵！现在我们才知道这些都是丰先生留给人类的精神至宝。

在精神境界、人格力量和洞察世情上，庸愚的我辈与丰先生的差距不可以道里计。

细想起来，方知丰先生早已看惯了这世态炎凉的浊世人情，洞悉这大千世界的转换规律，所以他能彻悟人生，达观世事，选定自己的路，实现自身的最高价值。一切无常于他皆能心平地坦然视之了。

丰先生于我们真像一座名山，近时反而不识其高，现在回头再看，才更有仰止之感，也能分别与其他山峰的不同之处。

但是我不敢说已经认识了丰先生，也许什么时候又发觉自己庸愚可笑了。对于如此博大精深的一代文艺大师，轻言已完全认识只能是浅薄之见。

这是叶瑜荪先生在1995年5月所写《世事沧桑话丰翁》里的几段话。

“凡接触过丰子恺的人，都会感叹：丰先生的人品比他的艺品更可爱，更令人敬佩！”正是带着这样深深的景仰和无限的崇敬，叶瑜荪数十年来坚持不懈，孜孜不倦地学习、研究丰先生，倾心尽力地传承、弘扬丰先生的艺术和精神。

1948年出生于桐乡石门的叶瑜荪，自幼深受乡里前辈丰子恺先生人品和艺品影响，7岁学画，12岁学篆刻，1979年后专攻竹刻。他曾担任过桐乡市文联副主席、市政协副主席，从1992年起，20多年兼任桐乡丰子恺研究会副会长、会长，虽没有职级和待遇，但这是他最看重的一个职务。

接触和联系丰子恺先生后人最多的是叶瑜荪。丰陈宝、丰一吟等丰先生后人写给他的书信就达400多封，而他与各地研究者、“丰迷”的往来书信更是不计其数。这仅是叶瑜荪研究丰先生的一个缩影，但细微之处显卓著，点滴之中见精神。

叶瑜荪凭他的积累和勤勉，在工作之余撰写了一系列丰子恺研究文章，并结集出版《漫话丰子恺》。虽然，叶瑜荪对丰子恺的研究不是系统和专业的，发表的文章、著作也不算多，但他对丰子恺及其艺术的一些见解却是独到的，也是颇有启发的。

早在2001年8月，叶瑜荪在《人民日报·海外版》发表《“子恺漫画”的德与才》。“‘子恺漫画’问世至今八十年，但它对读者依然充满恒久魅力，仍能拨动现代人的心弦，唤起心灵的共鸣，一直深受大众喜爱。我想这是因为作品本身具有德才兼备的品格之故。”在他看来，“子恺漫画”的德，首先是它的通俗化、平民化本色。其次，是积极向上的基调。第三，是指导人生的责任意识。而“子恺漫画”的才情，是融东西洋绘画于一炉，洋为中用；是它功能的全面性和对生活的丰富表现力。因此，他写道：“子恺先生不仅是中国漫画的开创者，也是漫画功能的完善者。在中国，漫画要作为一个独立画种与其他绘画相提并论，非抬出‘子恺漫画’不可。”

叶瑜荪对“子恺漫画”的分类作了梳理和研究。他认为，古诗新画是“子恺漫画”创作用得最多的方法。为此，他撰写《丰子恺的“古诗新画”》发表在2013年4月《艺术》上，阐述了对丰子恺“古诗新画”的鉴赏之道：诗趣——古诗新画之韵；文趣——古诗新画之品；新趣——古诗新画之味；禅趣——古诗新画之风骨。他认为，像丰先生这样信佛的人很少，“丰先生能以佛陀哲学的深邃和睿智，悟彻世间事物的本性，不役于物，不惑于事。始终保持着自己的人

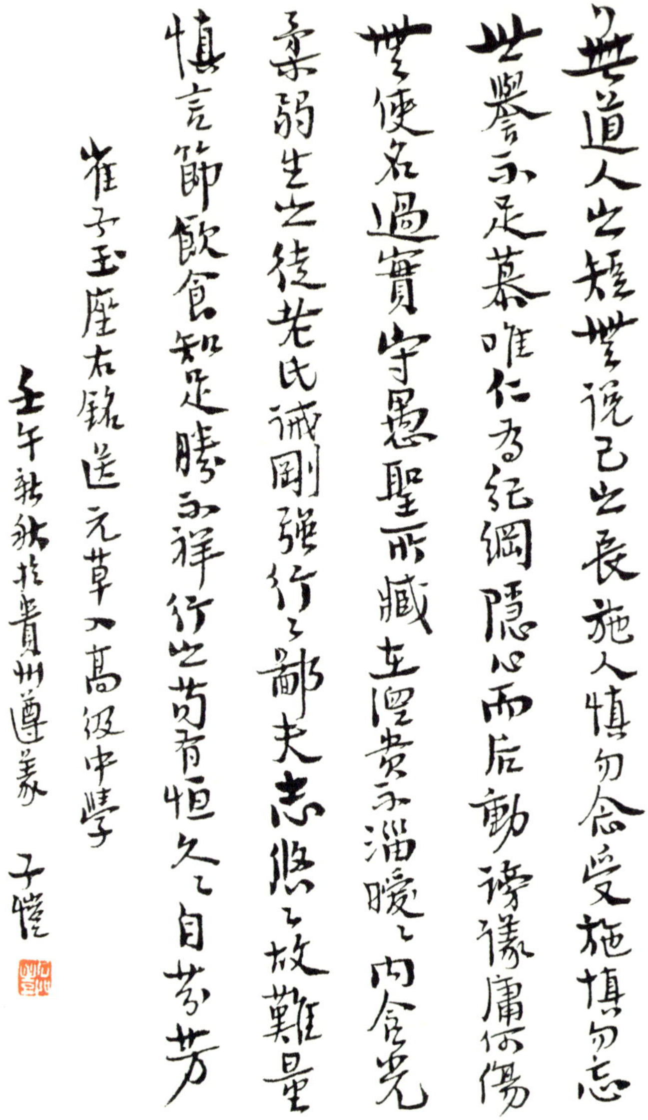
無道人之短
無說己之長
施人慎勿念
受施慎勿忘
世譽不足慕
唯仁為紀綱
隱心而後動
謗議庸何傷
無使名過實
守愚聖所藏
在涅貴不淄
曖曖內含光
柔弱生之徒
老氏誡剛強
行行鄙夫志
悠悠故難量
慎言節飲食
知足勝不祥
行之苟有恒
久久自芬芳
崔子玉座右銘 送元草入高級中學
壬午新秋於貴州遵義
子愷

《崔子玉座右铭》（丰子恺书）

生观去从事创作，故他的作品具有了丰先生独特的风骨。”

作为丰子恺的石门同乡，叶瑜荪对丰子恺的“乡情散文”和《缘缘堂续笔》有更深的认识和理解。他说：“丰先生的乡情散文何以能写得如此灵达隽永？我想关键是他对故乡怀着一腔深情的爱。”他谈到：“《缘缘堂续笔》三十三篇，在丰子恺散文总量中虽只占十分之一，但这些作品是在特殊年代里，靠了作者坚毅的自信和非凡的定力，冒着极大的风险创作完成的。它们凝聚着作者对人生探求的真知灼见，和一个艺术家的赤子之心。”“丰子恺能留下这批‘续笔’，证明直到晚年他的人格力量和艺术生命没有丝毫衰退。这些‘续笔’能让读者感受到散文大师丰子恺的动人光彩。”“《缘缘堂续笔》可以称得上是丰子恺散文‘皇冠’上的‘明珠’。”

而作为丰子恺的研究和传承者，叶瑜荪最值得称道，也是独一无二的，是将丰子恺书画融进了他擅长的竹刻艺术中。“我觉得用节实竿挺、虚中洁外、筠色润贞的竹子来比拟丰先生，用简朴高雅的竹刻来再现他的书画是最合适的。”叶瑜荪说，“我的斋号叫‘容园’。有容乃大，为人、做学问都应有这种精神，我把丰先生的书画包容进我的竹刻题材中，也正体现了‘容园’的旨趣。”

最初给予叶瑜荪鼓励的是丰先生的子女。丰陈宝、丰一吟第一次见到他的竹刻时，都惊喜不已，简直当作了一项重大发现。丰一吟说：“父亲的漫画、书法被摹刻得如此神形毕肖，真令人称绝。”于是，叶瑜荪的容园竹刻很快被介绍给丰先生的朋友、学生，以及许多喜爱丰先生的学者、名人。广洽法师、明川、孙淡宁、林海音等都对容园竹刻十分喜爱和赞许。

古典园林学家陈从周教授更是对叶瑜荪推崇有加，誉其为当今

“竹人之魁”，1987 年特嘱其刻两件作品转赠给国际著名建筑大师贝聿铭。1988 年夏，叶瑜荪将丰先生早期漫画代表作《人散后，一钩新月天如水》和《红了樱桃，绿了芭蕉》刻成臂搁，敬请陈从周分别题字刻在了臂搁上端：“流光容易把人抛，红了樱桃，绿了芭蕉。子恺丈画，从周书，瑜荪刻。”“人随明月月随人，人何处，月依然，此意谁知？戊辰夏瑜荪刻子恺丈画，陈从周。”这样意境极美的容园佳作，两位文化大师情缘相连、书画相映，熠熠生辉。

“因人刻竹竹刻人。”叶瑜荪很认可这句话，他说：“我在刻竹子的同时，竹子也在雕刻我，我的生活习惯、性格、爱好、人品和人生观都在刻竹的过程中被改变和深化了。”甚至，也影响了他的妻子秋明玉走上竹刻之路，不仅在陶冶性情的过程中战胜了病魔，而且竹刻技艺自成一体，酿成一段艺坛佳话。

四十年的容园耕耘，叶瑜荪创作了上千件“竹臂搁”样式为主体的作品，先后著述和出版了《竹刻漫谈》《竹刻丛谈》《容园竹刻》《竹刻技艺》等专著，成为中国民间文艺家协会会员、中国工艺美术学会会员。1995 年 9 月被联合国教科文组织和中国民间文艺家协会授予“一级民间工艺美术家”称号。

1996 年 3 月，为纪念广洽法师圆寂两周年，在新加坡举办“弘丰传人作品展”，李莉娟、丰一吟和叶瑜荪等应邀参展，由此也实现了广洽法师把容园竹刻带到星洲展览的遗愿。多年来，以竹刻丰先生书画为长的叶瑜荪，早已被视为丰子恺人品艺品的传人，而他总是说：“我学习竹刻，有如今的影响，能获不少名家的赞誉，主要是仰赖了丰子恺先生的艺缘。这与小镜子因折射阳光而显出光彩，很有相似之处。”

我对丰子恺的迷恋，缘起叶瑜荪先生。20世纪90年代初，刚大学毕业的我，在金华高校工作之余，阅览了同乡丰子恺的一些文章、书画。我的办公室同事、桐乡老乡张乐初老师为我介绍认识了叶瑜荪先生，继而书信往来不断，我对丰子恺有了更广泛而深入的认识与了解，兴趣渐浓。1992年5月，经叶先生推荐，我应邀参加了在石门召开的桐乡市丰子恺研究会成立大会。

当年8月，我调到了嘉兴工作，与叶瑜荪先生有了更多联系、见面的机会。后来，他兼任了桐乡丰子恺研究会会长，不单把每期研究会会刊《杨柳》寄给我，还经常把他发表的研究文章复印分享给我。虽然，我没有走上丰子恺研究之路，但对丰子恺的关注、学习从未断过，尤其是丰老的艺术人生态度、品格和精神，深深地打动与影响着我。

尤其是在2018年，丰子恺先生诞辰120周年之际，我内心深处更燃起了对丰子恺先生的那份崇拜与景仰。当我把多年已有的“寻缘”想法告诉叶瑜荪先生时，他表示肯定与支持，并给我推荐、联系了很多位访谈对象。而在我心目中，多年的交往、学习，叶先生同样给了我很多的启迪与帮助，一直是我尊敬的师长，他本人就是我最先要寻访的，尽管叶老师再三说：“最好还是先找其他人吧。”在我坚持之下，就在丰先生诞辰120周年前夕，我再次来到充满书香和艺术味的“容园”，开启一段暖心的访谈。

叶瑜荪：人家说我是研究丰子恺的，其实很惭愧，我称不上研究。虽然结集出版《漫话丰子恺》，但是写的文章大多是史料，占了丰先生同乡之优。我是石门人，从小就从老一辈嘴里听到丰先生及其家里的情况，我写的史料文章，为研究丰子恺提供方便。

当然，子恺先生对我影响很大。我写文章也受丰先生影响，比较直白，写的不是重大题材。丰先生的散文、漫画，都是写生活中平常事，画生活中平常人，但写下来、画出来很有生活味，且包含很多哲理、道理。丰先生的东西能传承下去，不受时间局限，他写的、画的是真正的生活，真正的人间情味。这一点搞艺术的人最值得学习。

今年是丰先生诞辰120周年，经过丰羽等人的努力，在多地举办了系列展览，还首次运来日本竹久梦二的绘画作品，与子恺漫画合璧展出，影响很大，效果很好。这其中，也有人说丰子恺漫画学竹久梦二，我觉得提法高了一点。还有人说，丰子恺一生中有三个老师，第一个是李叔同，第二个是夏丏尊，第三个是竹久梦二。把竹久梦二当作丰先生的老师之一，我想这提法从研究的角度来说也是值得商榷的。

丰先生从竹久梦二画中受到很大启发，主要有两点：第一，画画也可以很简单，寥寥几笔来表达画意；第二，竹久梦二的画也是画生活中的平常小事，一般人容易忽略的事物，在他们艺术家眼里也能作为艺术素材。丰先生从竹久梦二那里学来的东西，对我们搞艺术的人都有启发。怎样从子恺漫画里学到我们需要的东西，我认为是一代又一代，特别是新一代搞艺术的人，应该深刻思考并从中去充分挖掘的。

从石门走出去的丰子恺，他的成长与发展，离不开石门丰氏良好的家风与家教。石门丰氏的祖籍地在金华汤溪，丰氏迁到石门定居，至今已有近四百年历史。丰氏历来有尚德家风，石门丰氏的堂名是“惇德堂”，惇者，敦厚、笃厚之意，告诫子孙持德应该笃厚。

丰子恺自幼在父亲处读到《崔子玉座右铭》后，就十分喜爱，很快就能背诵下来。后来丰先生手录好多份，分给子女们诵读，他的子女个个都能背诵，而且作为一种家风传承下来。“惜衣惜食，非为惜财缘惜福；求名求利，须知求己胜求人。”这是李叔同传给丰子恺的一副对联，丰先生同样手录给子女诵读，并铭记在心。我从丰子恺教育子女时所注重的内容，概括出丰氏家教的重点有三方面：正直为人，认真做事，宽厚待人。

正是有这样良好的家风影响和家教培养，丰子恺的七个子女，个个都成了有用之才。如今，丰子恺的第三代、第四代乃至第五代，人丁兴旺，分布于京、沪、苏、杭各地，也有在美国、日本发展的，不乏在各自岗位做出了令人瞩目业绩者。丰氏后代，尽管现在大都已不再从事艺术工作，但都没忘记“正直为人，认真做事，宽厚待人”的家训。丰氏家族能长盛不衰，是与丰氏有良好的家风、家教密切相关的。几十年来，我与丰氏后人联系、接触很多，这方面的感受最为深切，对我也是很好的教育与影响。

作为桐乡石门人，我一直以家乡为豪，一直以走出了丰子恺这样的文艺大师为荣。20 世纪 80 年代初，我有幸参与了石门缘缘堂的重建，见证了缘缘堂的重新落成开放。1992 年 5 月，桐乡成立丰子恺研究会，我兼任了副会长。2002 年起，兼任会长，一直到 2018 年 4 月。30 多年来，我倾心尽力地参与组织举办了一系列丰子恺纪念活动，研究会还联合杭师大弘一大师·丰子恺研究中心举办了三次丰子恺国际学术研讨会；会同市里相关部门和缘缘堂，推进丰子恺漫画馆的建成。2007年，我曾在浙江省政协九届五次会议上专门提交议案，呼吁省级部门重视并参与筹备丰子恺诞辰110周年纪念活动，并起到良好效果。2015年，我参与了《丰子恺全集》的编辑工作。这些年来，我也坚持花了不少时间和精力，收集、研究与丰子恺相关的文史资料，热心接待丰子恺后人和来自海内外的众多研究者、参观者。

这么多年来，为传承、弘扬丰子恺艺术和精神，可以说，尽我所能做了一些事，尽了点绵薄之力。但于我而言，更是一种学习和感召，也是一种修炼和提升，我觉得非常有意义、有价值。我将一如既往，这已是我一生的事业和追求。

访谈结束，我敬请叶老师题字。他极为认真，倾情书写了“漫画人生，情暖世间”。他说：“子恺漫画画的是普通大众的人生相，有童心、爱心、佛心，很受大众喜爱。子恺的画、子恺的文、子恺的精神，情浓意深，温暖世间，温暖大众。”

其实，叶瑜荪先生以他特有的艺术素养和人格魅力，同样温暖着很多人。

2019年8月

没有见过，却从来没有离开过

——钟桂松谈丰子恺

桐乡名人尤其是文化名人很多，而研究桐乡名人最勤的是钟桂松。

桐乡出生的钟桂松，曾任桐乡文化局局长，县委常委、宣传部部长等。从桐乡走出去的钟桂松，又先后担任过浙江电视台台长，浙江省新闻出版局党组书记、局长，浙江省委巡视组组长等职。难能可贵的是，他在繁忙的从政公务之余，潜心研究，笔耕不辍，已陆续撰写出版了《茅盾传》《沈泽民传》以及对丰子恺、钱君匋、陈学昭、徐肖冰等的研究著作 40 余部。

钟桂松，早已是研究桐乡名人的名人。而用他自己的话来说："这是工作之余、应酬之后，业余时间的业余，常常是深夜时间来研学著书。"这不是一夜两夜、一年两年，而是数十年乃至一辈子的坚持和积累，成果丰硕，精神更可嘉，让人敬佩不已。

丰子恺，缘缘堂，常常使钟桂松心有所动。正如他在 2018 年 1 月出版的新著《丰子恺：水光山色与人亲》序言中所说：

> 笔者虽然未能在丰子恺先生生前拜访求教，但也有幸与这样一位大师忝为同乡，而且曾在丰子恺先生的家乡桐乡负责过宣传文化方面的工作，亲身经历了丰子恺先生逝世十周年的纪念活动，有幸直接参与了石门缘缘堂的重建和开放，目睹了丰子恺先生在故里为人所景仰、缘缘堂开放时的万人空巷的盛况。在 20 世纪 80 年代，有幸常常陪同国内外的崇拜者去石门湾缘缘堂寻访，目睹了丰子恺先生的崇拜者的虔诚。久而久之，我也深深感到：凡是专程到石门湾这个运河边小镇寻访丰子恺故居缘缘堂的人，都是真心欢喜丰子恺先生的人。所以在对丰子恺故居缘缘堂频繁的拜谒与近距离的瞻仰时，我常常心有所动。因此，从 80 年代开始，笔者开始研读丰子恺先生的散文、漫画等作品，写了《丰子恺的青少年时代》《丰子恺与杭州》《丰子恺：含着人间情味》等著作，也编了《丰子恺品佛》《纳凉闲话》《中国就像棵大树》《丰子恺自述》等图书，在丰子恺研究领域寻找适合自己做的事情来研究。

钟桂松研究丰子恺的很多著作都是在杭州完成的。在夜深人静的灯光里，他穿越时空，默默地去寻找和感悟丰子恺的艺术与精神。在钟桂松看来，无论从哪个方面去看，杭州之于丰子恺都是绕不过去的存在。他说："在现代艺术大师中，丰子恺是对杭州最钟情的艺术大师。在他结缘杭州近 60 年的岁月里，杭州，是被丰子恺称道最多的地方，是除了他故乡石门湾缘缘堂之外的最好、最美的地方。

《好是晚来香雨里，担簦亲送绮罗人》（丰子恺作）

所以，叙述丰子恺与杭州的往事，可以寻绎出一代艺术大师丰子恺先生艺术生命轨迹的一部分，可以看出杭州西湖、杭州人文对艺术大师的影响。”

为此，钟桂松花费了两年多的业余时间，研究、撰写了《丰子恺与杭州》，于 2015 年 5 月出版。这本书系统地梳理丰子恺从杭州求学到三四十年代两次在杭州当“寓公”的生活情状、社会交往和创作成就，以及 1973 年 3 月“探望”杭州并与杭州告别的往事。这部厚重的传记类著作，既是大量资料的艰辛收集与梳理，更是历史背后的纵深寻找与发现。许多研究的观点、论断让人耳目一新，印象深刻。如他在书中写道：

> 始终与进步文艺一起同行。这也是丰子恺在杭州当寓公时期的一个特点。……在我看来，丰子恺是“五四”新文化运动传承发展成果最丰、成就最大的其中一位艺术大师。
>
> 丰子恺一生中，与杭州的情缘是永远无法割舍的，与杭州的感情，是上海、石门湾所无法比拟的。杭州在丰子恺的人生里，举足轻重，影响他的人生观、价值观、艺术观，在其艺术成就中也占有重要地位。所以说，丰子恺对杭州的感情，是现代文化人中最浓烈、持久的一位！

钟桂松对丰子恺是情有独钟的，而他对丰子恺与杭州的研究也是独到的。《丰子恺与杭州》的后记是很好的写照，这里摘录两段：

> 在学习、研究丰子恺的过程中，忽然发现丰子恺一生中，居住

时间最长的是石门湾和上海，居住在杭州的时间是不算长的。但是，丰子恺对杭州的感情是最深的，称杭州是第二故乡！其实这是有原因的，当年丰子恺在浙江第一师范读书求学，认识了李叔同、夏丏尊、马一浮等师长前辈并深受他们的影响，比如认真，比如博学、多才多艺，再比如向善的情怀等等。自然还有杭州的影响，仔细读过丰子恺的漫画，才知道丰子恺漫画里有着许许多多的杭州元素，杭州元素成为丰子恺漫画里的一种主旋律！保俶塔、断桥、桃花、西泠桥、古墓、西湖游船以及春夏秋冬各个时期西湖边的各色人等，都可以在丰子恺的杭州漫画里形象地、艺术地展现。我们今天看到的这些漫画，在现在已经是历史了，但是当年却是大师丰子恺眼中的湖光山色，是大师眼中的西湖杭州。杭州漫画是丰子恺一生中非常重要的一个内容，这是他居住过的其他城市所没有的一种光荣！在丰子恺的散文中，直接记叙杭州、记叙西湖的文章美文不少，这些文章，或长或短，或庄或谐，但都倾注了丰子恺对杭州的深厚感情。在丰子恺笔下，西湖是恬静的，西湖的四季风光是温润的，西湖的月光是宁静而淡雅的，所以读着丰子恺的散文作品，常常怀疑自己已经置身于西湖的湖光山色里了。至于丰子恺造好了缘缘堂而不住，却要到杭州租房当寓公，既有生活方面的原因，也有和杭州感情太深的缘故。在丰子恺看来，杭州是有山有水有佛寺，人文气息浓郁，是赏心悦目的地方，是净化心灵的场所，住在这样的地方，会让人安静下来的。抗战胜利以后，好不容易从重庆回到上海，但上海已经人满为患；回到故乡石门湾，昔日温馨可人和充满欢乐的缘缘堂，早已成为废墟！丰子恺当天在亲戚家里住了一个晚上，第二天一早，丰子恺直奔杭州，选择西湖边的小屋作为抗战胜利以后

《幸有我来山未孤》（丰子恺作）

的栖身之地！此时，我才发现，杭州的西湖是幸运的，能有幸与大师作伴，她每天抬起头来就可见丰子恺居住的湖畔小屋，在月光里，可以望见丰子恺从湖畔小屋走出来，在湖畔的石凳上小坐，望着月亮，静静地陪伴着西湖，轻轻地对着西湖吟唱李叔同先生的《西湖》《月夜游西湖归寝》，所以我想，杭州的西湖，遇上丰子恺，是一种幸运，是西湖文化的幸运！

所以，丰子恺与杭州，是一种谁也离不开谁的缘分。假如丰子恺不到杭州求学念书，就遇不到李叔同、马一浮等老师前辈，或者遇到了也仅仅是萍水相逢。如果这样，丰子恺的艺术成就就会逊色很多，甚至可能是另外的一种情形。杭州的西湖因丰子恺的漫画文字而更让人看到常人看不到的天然美，在西湖文化史上添上浓墨重彩的一笔。所以，丰子恺与杭州的关系，真可以用相得益彰来形容。

断桥不断，孤山不孤，丰子恺一直与缘相伴。钟桂松为纪念丰子恺诞辰120周年，专门编著新作《幸有我来山未孤——丰子恺画传》，用优美的文字和近百幅影像画作，全景呈现一代民国大家的艺术与人生，他在书中说道：“丰子恺是有缘的，他与时代有缘，与人民有缘，与读者有缘。在20世纪的文人艺术家里，恐怕丰子恺算得上是最有缘分的了。但他的这个‘缘’，又与追求‘真善美’结合起来，他做人做事，待人接物，追求一种境界，一种至真至诚的境界，所以丰子恺的‘缘’，并不是随遇而安的‘缘’，而是一种追求，一种对人生境界的追求。”

钟桂松满含对丰子恺先生的景仰。2013年3月，他为鲍复兴篆刻《缘缘堂印谱》作序，开篇便说：“几年前，我与鲍复兴兄常常说起，该为乡里前贤丰子恺先生做点什么事情，因为对丰子恺这位乡里前辈，无论其人品，还是文品，无论是他对中国文坛、艺坛的贡献，我们都是十万分的景仰的，我们有幸忝为大师丰子恺的同乡，更感到十万分的荣幸！所以，我们是常带着这份景仰和荣幸，聊起如何弘扬丰子恺艺术精神这个话题的。”

钟桂松研究、弘扬丰子恺，已做了太多。带着深深的敬重，2018 年 11 月 20 日午后，我登门拜访。我和钟局长早已相识多年，特别是前些年，他任职的浙江省新闻出版广电局搬来浙报传媒大厦上班，我和他同在一幢楼里办公，楼上楼下见面的机会更多了，也正是从那时起，我一直习惯叫他“钟局长”了。尽管见面时经常听他讲丰子恺的故事，也拜读了他的很多文章和书籍，而单独聊丰子恺还是第一次。

钟桂松：我们在丰先生研究中是感觉到很自豪的，他是我们桐乡人，是石门人。我在研究、写丰子恺这些书中，感受最深的有这么几点：第一个，他是一位天才的艺术家，创作也好，为人也好，他整个人生，是我们现在的人很难企及的，很厉害。

第二个，在丰子恺的成长中，故乡给了他很多文化营养。石门为什么能出丰子恺？石门湾走出去的丰子恺为什么能成为国际上著名的艺术大师，这值得深入研究。所以，我在写丰子恺的过程中，最早还是研究他在故乡的一些往事，包括他的青少年时代，这些内容大部分在他文章里提到了，还有一部分在他故乡那边遗落的，遗落在故乡的角角落落。

因此，我在桐乡工作时，有个习惯，每次到石门调研，总

《晚来天欲雪》（局部）（丰子恺作）

要到缘缘堂去坐坐，每一次到缘缘堂看了以后，总有一些新的想法，然后回到县里面空下来时作些学习和思考，这就是我和缘缘堂的十年，也是和丰子恺的十年。我经常给丰桂写信，向她请教丰子恺家的故事，就是丰子恺上辈及丰子恺作品里写到的人物、事情。

丰桂不厌其烦给我写信，回答我的问题，也讲到一些故事。丰桂说，雪雪小时候寄奶寄在牛桥头一户人家，寄奶完回到丰家。在丰家看到牛桥头来的人，她老是跟着逃回去，所以后来干脆给人家去当童养媳了，从小就跟了人家。类似这些故事，有些在丰先生文章里有，有些需要在故乡进行发掘、调查。所以，我觉得丰子恺的文学也好，丰子恺的艺术也好，丰子恺的人生道路也好，是一个富矿，还值得好好研究、挖掘。

今年各地纪念丰子恺先生诞辰120周年的活动很丰富，特别是从香港到杭州、从北京到桐乡的五场展览活动，影响最大，效果最好。随着时间的推移，丰子恺的影响力会更大更持久。

要让更多的人读子恺漫画，读缘缘堂随笔，受到子恺艺术和文学的熏陶和教育，多一些向上向善向美的力量，这是我们研究丰子恺、弘扬丰子恺的共同愿望。

应我的再三请求，钟桂松在“寻缘”长卷题写：“含蓄着人间情味。”2002年9月，钟桂松曾编著出版《丰子恺：含着人间情味》一书，以大量历史照片和图片资料，聚焦丰子恺先生的生平事迹。正如俞平伯说：“一片片的落英都含蓄着人间的情味，那便是我看了《丰子恺漫画》所感——‘看’画是煞风景的，当说‘读’画才对，况您的画本就是您的诗。”

钟桂松说：“我们读丰先生的漫画，读他的散文，读他谈绘画、谈文学、谈音乐、谈宗教、谈人生的文章，常常惊叹一个人怎能在艺术的方方面面都取得这么大的成就，而且，这些艺术成就影响、感染着一代又一代人。”

这样的人间情味，这样的大师魅力，也一直感染着、驱使着钟桂松不断热情、深入地去研究和解读丰子恺。他说：“几十年来，我虽然没有见到过丰子恺，却从来没有离开过。”

2019 年 5 月

爱心，是他艺术中最重要的部分

——王一竹谈丰子恺

“在爷爷诞辰120周年之际，我比之前有更大热情、投入更大资源去做了一系列纪念展览和活动，这背后如果有谁在推动，那一定是爷爷。另外，王一竹的突然出现也是推动。”这是丰羽在谈到丰子恺诞辰120周年系列展览时说的一番话。

王一竹是谁？她又是如何推动这些展览的？

2019年10月18日下午，我找到正在桐乡出差的王一竹，一起赶到石门缘缘堂瞻仰。在缘缘堂二楼，我们推窗而望，当年重建缘缘堂移栽到天井里的一棵桂花树，枝繁叶茂，满树桂花香飘四溢。

就在缘缘堂正厅的八仙桌旁，我和王一竹面对面入座，开启一段难得的访谈。

丰子恺诞辰 120 周年系列展览海报

笔者：丰羽说您是突然出现的。请您谈谈策划丰子恺系列展览的缘起。

王一竹：认识丰羽是有点突然。介绍我与丰羽认识的是我在英国的一位好朋友。去年大年初三晚上，她给我发信息，我没注意到。到了正月十五元宵节，她又给我发信息，问我对于丰子恺与他留日时期学习对象竹久梦二的展览，感不感兴趣。我说很好啊，这几年，我一直都在研究二十世纪初期的日本美术留学史，对于丰子恺与竹久梦二的展览当然非常感兴趣。我以为她约我去看展览。谁知她问：让你来策划做这个展览，感兴趣吗？我说不太可能让我做吧？她又说，丰子恺的孙子丰羽跟她是好朋友，一直跟她有来往。丰羽想做这个展览，但在国内一直找不到合适的人，如果你感兴趣的话，你们见面聊一聊。

诚然，能做二十世纪初期日本美术留学生与他们日本老师的联展，一直是我的心愿。我答应朋友先与丰羽兄见面。我记得很清楚，我与丰羽兄第一次见面是2018年3月12日，在一个客家餐厅。我当时的疑虑是，丰老的展览怎么没有人策展呢？他说，香港艺术馆的司徒馆长告诉他，这个展览很好，但需要给他两年的准备时间。我和他说了自己的一些想法，当时他就决定让我来做，并问办下来要多少钱，我回答不要钱。为什么不要钱呢？因为，我先生家和我自己家，其实和丰子恺先生都有渊源。我先生的父亲常秀峰是丰老在重庆国立艺专的学生。常秀峰的叔叔常任侠和丰老都是中国美术史界的奠基人，他们俩的雕塑在今天的中国美院是放到一起的。而我妈妈的祖父是丰老在桂林时的同事。祖辈之间的交往，让我觉得第一次见丰羽兄，是有一种情缘在的。

接着，我就询问关于此次展览将会用到的展品。他当场赠我一本2012年香港艺术馆出版的丰子恺作品集《人间情味》，并告知之后展览的展品全在书中。此书是为庆祝香港回归15周年由香港艺术馆策划关于丰子恺绘画艺术展的同名展览图录，这个展览是迄今为止丰子恺先生绘画作品展中作品数量最为庞大、内容最为全面的一次。我难掩兴奋之情，因六年前的这个展览，我足足看了四回，每次都感动得泪流满面，如果能有机会为这样一批藏品策划展览，这是莫大的荣幸。我还提出邀请南京博物院艺术研究所所长万新华老师一起参与策划，得到他的首肯。而后，就开始了紧张的策展工作。我们曾前后三次去日本，为展览做各种各样的事情。

这就是我为丰子恺作品展览策展的缘起。我先生给了我很大的支持，我出差去哪儿，他从来不问，他知道我在为这件事奔忙，他也是有情怀在的。所以，我做这件事情，是一种情怀的汇聚，也是祖辈情分的延续。

笔者：围绕丰子恺诞辰120周年，在香港、杭州、北京、桐乡等地成功举办了五场展览和一系列活动，其关注度和影响力远超预期和想象。作为主要策展人，您功不可没。请您介绍一下先期举办的香港两场展览的策展情况。

王一竹：当时，丰羽兄只说香港的展览交给我负责。策划香港的展览，我觉得应该把丰先生学习的状态呈现出来，他到底学了什么？怎么学的？竹久梦二能代表日本大正浪漫时期的艺术，其实，丰老并不知道。丰老学的是竹久早期的作品，而不是后来成名的代表作。所以，我希望把丰老去日本的学习过程呈现出来，同时，把那个时代日本最重要的艺术家的面貌展现出来。

香港展览的现场是亚洲协会香港中心，是美国洛克菲勒家族创立的。不可回避的是，丰先生留日时，日本人已经意识到大和民族有其伟大的部分，民族意识已开始恢复。丰先生看到那样一个日本，他回来能自发地反思我们的文化，我们自己到底有哪些好的？在丰先生整个抗战时期的很多文章里都体现出这种强烈的意识。丰先生后来的艺术创作与他当时留学的时代有重要的关系，对此，我们做了一些梳理。同时，也把丰先生与竹久梦二有关的画作了梳理，实际上他只有竹久梦二的六本书而已。

我与丰羽兄第一次去日本特别有意思。我们一下飞机就跑去买竹久梦二的旧书，看看丰老曾有的六本书能否买齐。后来买到了三本，很不容易，用到了展览中，现场打开，就能看到丰先生文字里提到的那几张画。通过实物的对比，就能知道，丰先生学习的一个是诗意的抒情，一个是社会问题意识。丰先生当年只学了10个月就回来了，因为没有钱了。丰先生当时想学油画，却学不起。而当他看到竹久梦二的画后，解决了学油画昂贵的材料费问题。所以，丰先生是一个很聪明、很有思考的人，他一下子跳出来了。

香港展览的整个思路就是这样设计的。2018年9月25日，丰子恺先生诞辰120周年系列展览启动，首站在亚洲协会香港中心，主题是“诗·韵——当丰子恺邂逅竹久梦二”。对于在日本家喻户晓的竹久梦二，中国观众显然是陌生的。这次展览是竹久梦二身后，他的作品第一次离开日本本土展出。我们通过展示40件竹久梦二与80件丰子恺的作品，试图探讨1921年抱着成为洋（油）画家的理想去日本游学，丰子恺在旧书摊邂逅竹久梦二的画册《春之卷》，他为何选择学习竹久梦二的绘画风格？竹久梦二和丰子恺二人的艺术风格特点和差异又有哪些？这样的选择本身就耐人寻味。在叙述自己的艺术创作时，丰子恺不止一次谈及竹久梦二作品中“东洋的趣味”“西洋的构图”“抒情的诗性”对自己的触动和影响。那么，他是如何学习与处理上述三点的呢？曾经跨越时空交汇的人，作品能在一个世纪后同台展览，这充满着无穷的美妙和无比的神奇。观众们会在展览中找寻到答案，这是我们所乐见的。

围绕着上述问题，亚洲协会的展览，我们按五个单元进行呈现：一、大时代下的中国与日本；二、竹久梦二的艺术；三、竹久梦二对丰子恺的触动与丰子恺的学习；四、丰子恺的绘画；五、竹久梦二、丰子恺的绘画之差异比较。需要说明的是，所谓“无声之诗”“浪漫之心”“哲理之思”这样的单元设置，仅是丰子恺绘画题材的分类呈现，但也蕴涵着各自的思想与趣味。我们私想，通过如此分类，使观众更便捷地理解丰子恺为何是二十世纪中国美术史上的开启民智的艺术先锋、传播善爱的绘画大家。

亚洲协会专门安排我作了一次讲座，我记得一家香港媒体提到一个非常尖锐的问题，他问：“20世纪90年代，日本的一个学者曾在香港媒体发表文章，谈丰子恺的抄袭。你怎么看待丰子恺的抄袭？”我回答：“你要是仔细看了我们做的这场展览，你会很清楚地看到，我们把他每一张学习过程的对比图都展现出来了。说丰子恺抄袭的思路实际上是按西方美术史的谈法去谈的，但反过来，你如果了解中国美术史，比如知道《芥子园画谱》，就不会说我画梅兰竹菊是抄袭的，这是我们中国人历来学习艺术的一个方式。而且，丰子恺所有的作品，都有一个转译，他看到别人的艺术，对比我们的文化，已不是一个纯‘抄袭’的状态，他转译成我们的文化，用我们的语言去表述一件相似的事情。这在整个亚洲，都有这种情况。所以，我并不认为这是抄袭，这是我们东方人一种特殊的学习方式。”后来我听说，香港的这场展览，是各方媒体都称赞的一次展览，很难得。

第二场是9月29日香港会议展览中心的展览，主题是“当时明月在——丰子恺文翰家珍”。这个专题展览展示丰子恺先生的书法、信札共计50余件，试图从书法的角度探讨丰子恺先生的翰墨文心。主要是给小儿子丰新枚的信札，从中能看到一个慈父的爱心。这种展览是很有温情的，大家非常感动。其中有一开展示的是，丰子恺收集丰新枚结婚那天晚上的蜡泪，后来写信寄给丰新枚。我看到这封信时哭了，我曾看过沈阿姨也就是冯河清妈妈的回忆文章，讲到丰新枚结婚那天，是丰子恺被批斗了回来，小两口一直等他回来吃饭，在路边等父亲回来，看到父亲走路都不是很好。而在这样的情况下，丰先生还能想到去收集那天的蜡泪。这一系列的展览，把大家的记忆重新唤起，这是一个有爱心有温情的艺术家，受推崇是自然的。

笔者：杭州和北京的两场展览，特别受关注，观展人数也创了纪

《姊妹》（丰子恺作）

录。这两场展览的策展思路是怎样的?

王一竹：杭州的那个展览，其实丰羽兄起先没告诉我由我负责，他是突然间告诉我的，因为他怕我不愿意。我还是答应下来了，并讲了我的思路。2018年10月10日，浙江美术馆的展场，是五个展览里最大的，题目是“此境风月好——丰子恺诞辰120周年回顾展”。杭州是丰子恺先生生前长时间读书、工作、生活的地方，所以，我们希望在这里全面多维地展现丰子恺的艺术人生，展览从三个部分呈现。第一单元：器识文艺。一个人，他遇上怎样的老师，开启怎样的智慧，决定了未来人生的发展趋势。我们就从李叔同、夏丏尊、竹久梦二三位老师切入。丰子恺先生在文章中提到了这三位老师，他们为其未来的人生铸造了完善的人格，为其事业打下了坚实的基础。第二单元：丰子恺的艺术人生。我们从五个不同身份即文学家、画家、装帧设计家、音乐教育家、翻译家出发，展示他在各领域内付出的努力和取得的成就。第三单元：新月如水。一个人的一生，如果老师是他的启蒙与奠基，那朋友决定的是他的志趣与品位。丰子恺一生，好友遍天下，那么他们是谁，又如何相互影响?这里，我们借用缘缘堂里的一批作品，突出丰子恺逝世十年后，在缘缘堂的重建中，依旧在为他付出的知己故友，说明一个逝去的人在他朋友心中的地位和分量，我们想留下一个“人走茶不凉”的伏笔，指向当下的人，你要怎样才能成为朋友心目中有分量的人?

杭州展览的同期，中国美术馆也要开展。我们要把展品打开，能保证两个馆平行展的时候，讨论的问题是不一样的。我们在中国美术馆的展览，是按西方美术史谈宗教、古典浪漫主义、人道主义和现实主义来设计的。我们概括性地呈现丰子恺先生的五个身份后，用三组作品来展现他的艺术成就：一、古诗新画是他一生都喜爱创作的内容，一首首无声之诗是他浪漫主义情怀的体现。二、通过《给恩狗的画》和《大树画册》两套现实主义题材的册页，展现他的赤子之心与家国情怀。《大树画册》展现在国家最艰难困苦之际，他谈的是不要放弃希望、我们会得到胜利。而《给恩狗的画》，展现他依然给家人营造一个温馨、温情的生活状况。三、包含宗教人道主义情怀的《护生画集》的创作跨越50年的时间，展示了他与弘一法师之间关于承诺的故事。同期，也陈列丰子恺先生翻译、撰写的美术史书籍，呈现这位多维度的艺术教育家的情况，传递多元的艺术理念。我们希望观者在特定的情境中，能充分感受到丰子恺那种平凡素朴却又深邃真挚的大爱。

10月25日，“漫画人间——丰子恺的艺术世界”在中国美术馆开展。那几天北京特别冷，又下雨，前来观展的观众很多，观众排起了长队。展厅里熙熙攘攘，大家慢慢看，慢慢感悟。开幕式那天，很多老先生都在谈自己小时候是如何看着丰先生的作品、读着他的文字长大的。王鲁湘先生有一番话特别感人，他说：“今天来中国美术馆观展的人全是丰老的孩子，他是人间的‘慈父’。”所以，我觉得，这种最普世的感情，是大家最重视的。从熙熙攘攘的观展人群中，我们感受到什么是人民的艺术家。丰子恺是当之无愧的。

笔者：在丰子恺先生的家乡桐乡举办的这场展览，也是很特别、

丰氏家族代表参加“此境风月好”展览活动合影（2018年10月10日摄）

很有分量和意义的。这场展览的策展思路又是怎样的?

王一竹:回到丰先生的家乡策展,用的是“我自爱桐乡”。丰羽兄问我理由,我说,他写这么多文章,走过那么多地方,就是觉得家乡这里好。丰羽兄也乐着说,他就是喜欢这里。我说,既然他对这里有爱,我们就用这个题目,正好桐乡市也在推这个口号。经日方同意,我们把竹久梦二的画带到桐乡来。布展那天,把竹久梦二和丰先生的画挂起来后,我不禁感慨,我们竟然把竹久梦二带到桐乡来了!

桐乡的展览,我们把丰先生的各种成就作了最大的呈现,最后强调丰家的家教。丰家是少有的这么多孩子都有成就的家庭,这种家教是展览最重要的一个部分。丰先生的家教,在桐乡家喻户晓。展览主要通过他给丰一吟、丰新枚等的书信来展现他的家学、家教。其中有一封“文革”时期写给丰新枚的信,让丰新枚眼光放长远一点,多读书,静下心来。我想,这是在丰新枚困惑的时候,自己也在受难的丰先生对儿子的一番教诲,非常感人。

在二十世纪的艺术家里头,谁最爱家乡?丰子恺当之无愧。如丰子恺这般无论是文学创作中还是绘画作品里,执着地强调热爱家乡、享受家庭生活、喜爱孩子的艺术家并不多见。在他诞辰120周年之际,在他的家乡做这个展览,一定要把他爱家乡这一点复原出来。“我自爱桐乡”将艺术家置于乡情与乡愁上,初步勾勒出这位从桐乡石门镇走出去的少年,如何成长为一位知名艺术家的生动过程,并充分展现丰子恺终生热爱家乡的策划理念。

我们用的主题与展品很贴切。有趣的是，展品中有《给恩狗的画》，画中的话是用桐乡方言写的，是当地的一些俗语、顺口溜之类。有的还是用音标拼写的，既不是拼音，也不是日文、英文之类，我一点看不懂，发给了丰羽。三天后，丰羽说研究出来了，这是桐乡话。这是特别有意思的，他真是一个特别有心的人，他的作品，全部都是他的生活。

今天，有这么多人来看他的作品，再过十年、二十年，甚至更长时间，相信还会有很多的观众。因为，丰子恺的作品是有生命力的，他的作品里有人的生活，饱含着普世的价值。这些东西再过多少年都是不会变的。

笔者：没想到的是，在这么多场大展举办后，温州、上海也举办了相应的纪念展览，同样产生了意想不到的关注和影响。您是怎么看待这两场展览的?

王一竹：不同展览在不同城市举办，这些城市不是拥有独特的城市特质就是与丰子恺先生有千丝万缕的联系。我们希望不同的主题展览都能接上地气。

温州展览展示的是丰老的“朋友圈”。丰先生的老师李叔同在温州住了12年，他还有很多好朋友是温州籍的。在温州，做了一个丰先生朋友圈的大汇集。这与在浙江美术馆展览的“朋友圈”不一样，浙美的“朋友圈”讲的是对丰先生的怀念，而温州呈现的“朋友圈”是朋友的艺术状态。

紧接着，“丰先生”回到了上海。恰逢上海市美术家协会换任，新上任的郑辛瑶主席打电话给丰羽，他说：“我现在是上海美协主席，我要在丰子恺诞辰120周年农历年前，在上海做他的展览。丰子恺是上海中国画院第一任院长，在他诞辰120周年之际，上海不能缺席。”

这个事情决定后，总共只给了我们18天时间。好在之前的经验已经很丰富，又有足够多的展品，上海又提供了新成立的海派艺术馆，所以展览很快办成了。庆幸的是，丰老生前有个书法长卷，从来没被全部打开展示过，因为没有这么大的场地。在上海的这次展览中，第一次完完整整地打开了。虽然我们没有特别说明，但是相信所有的书法家、艺术家来看后，他们心里会对丰老的书法家身份有新的认识和结论。上海的展览，主要还是恢复丰老漫画家的身份，呈现了他画里的许多场景，让大家去感受。

笔者：在筹备这一系列展览当中，有什么人和事，让您印象深刻？

王一竹：丰子恺先生是二十世纪拥有举足轻重地位的艺术家，在筹备这些展览的过程中，我充分体会到了他的能量，每每遇上阻碍或困难，总会出现一位位神助之人，竭尽所能、全力支持，帮助我们破解难题、顺利推进。其中印象最深的事就是向日本竹久梦二伊香保纪念馆借画。一开始，人家是不相信我们的。经过多方沟通与协调，我们与纪念馆达成了借画意向，但是高额的借展费超出了展览预算。为了深入沟通，我们到群马的伊香保拜访了86岁高龄的木暮享老馆长，认真详细地解释了举办这个展览的缘由，希望创造竹久梦二、丰子恺这对跨越时空交汇的师生在现实中真正相遇。真是犹如神助，木暮老馆长为了实现这个展览，不但决定不收任何借展费，还主动提出多借几幅给我们。木暮老馆长被我们的真诚和执着所感动，我们更被他的理解和豁达所感动。这样的感人事迹，就这样真切地在现实中发生了，不得不让人感叹，也一言难尽。

笔者：通过一系列的策展，也让您重新或者深入认识了丰子恺及其艺术。您对丰子恺艺术有何新的感悟？您认为丰子恺最美之处，或者说最可贵、最打动人心之处是什么？

王一竹：在策展过程中，我去查阅了1949年至1975年所有的《人民日报》，我想知道当年是怎么报道和讨论“子恺漫画”的。从中发现，新中国成立后，不怎么谈“子恺漫画”了，谈“儿童画家”多了。因为他不做宏大叙事和主旋律的题材内容，所以他被遗漏了。

而反过来，今天还有那么多人喜欢他，我们谈“漫画家”，其实他也不是，那他到底算什么？他出了那么多绘画作品，写了那么多文章，出了那么多书，我觉得他应是一个大文化人。大文化人的绘画作品，是不是可以归纳为“五四”运动以后的新文人画？换句话说，他的画与那个时期以前如清代的作品是不一样的。丰子恺作为民国“新人”，接受了五四新文化运动的洗礼，后又到经过明治维新改革的日本游学，自发地追求独立人格与独立价值，作品立足世俗生活、追求笔意的趣味与别致。这使他的作品、饱含诗意、超脱时空，但又雅俗共赏、耐人寻味。他的画，是抒发文人内心情感的作品，而不是我们通常讨论的“漫画”。做过这些展览后，我还是希望把丰先生的画归为新文人画的范畴。

所以，现在讨论丰先生，是一个别类，把他另开一科，因为他前无古人后无来者，没有人跟他一样。如果学他的作品，除非你的意识高度能跟他一样，不然只是简单的临摹，你也成不了像他一样伟大的艺术家。而他的意识高度，是他综合素质的体现，是一个大文化人所具有的高度。

我觉得，在二十世纪文化艺术史上，丰子恺是一个大家，他严于律己、勤勉好学、多专多能，在文学、艺术、教育等多个领域都硕果累累，是留存于二十世纪中国文化史上仰之弥高的人物。这也是所有展览做下来后，我最大的心得和体会。

我觉得，丰子恺真是一个值得尊敬和仰慕的人。丰子恺对他的老师的这种感情，对一般人的关爱，是无与伦比的。后来，我们出版了一本书，书名就取了“教惟以爱”。爱，是在丰子恺艺术里贯穿始终的。他是一位富有乡土气息的邻家长者，爱国家、爱和平、爱生命、爱人、爱孩子、爱家乡、爱世间万物。艺术家的这颗爱心，是他艺术中最重要的部分，换句话说，也是为什么大家爱他的部分。他拥有独特的人格魅力，他的作品每一笔、每一画、每一词、每一句，都蕴含着饱满的人间情味。

我觉得，看到丰老的东西，一定能受到教化，这是最本真的。在中国美术馆里，这些爸爸妈妈带着孩子来看，一幅一幅地给孩子讲解。我们做了那么多展览，一定会在一些孩子心里留下种子，这就是艺术的魅力，也是展览的意义所在。

我自己上大学的时候，心里头确实满满埋着丰子恺的事。特别是要到日本留学，看了很多丰子恺的书和文章。2012 年丰子恺香港展时，我去看过四次，很感动，从早哭到晚，掉了很多眼泪。我对丰子恺的感情，本身就在。但真是没想到，有一天会做丰子恺的展览，这就是缘分吧。我喜欢这个人，我愿意

《樱桃豌豆分儿女，草草春风又一年》（丰子恺作）

为他去做这些事情。我也看到很多和我一样喜欢他的人，觉得做这件事很幸福。我在中国美术馆接待了很多嘉宾和观众，讲解时也问他们为什么喜欢丰子恺？基本上都是说，小时候读书时就看过丰先生的画和文章，心里有这颗种子，对他们有影响。丰子恺不是影响一代，而是几代中国人。王鲁湘老师说他是“人间慈父”，特别贴切。

笔者：我相信，丰子恺，已让您无法割舍。这是一种缘分，也会是一种追求。后续，围绕丰子恺，您还有些什么打算？或者说，您最想做的是什么？

王一竹：去年做完这系列展览后，我参加了文旅部的策展人培训班学习，目的性也是很强的。我们在海外有那么多中国艺术中心，现在已有20多家，到2022年要达到50家，我希望中国艺术中心能做中国艺术家的展览，丰子恺是特别适合的。回望二十世纪的中国艺术家，丰子恺是一个能谈得上的艺术大家。譬如谈他和日本，有与竹久梦二的关系，有翻译《源氏物语》。《源氏物语》是世界上第一篇长篇小说，是丰先生翻译到中国来的，一个仅在日本留学十个月的人，怎么能翻译这部皇皇巨著？而且不单这一本。日本人都觉得不可思议，日本人都想研究他，这个中国人怎么这么神？我想，丰子恺的这种影响力，不是单维的，一定是多维的。同样在俄罗斯、在欧洲，丰子恺作为教育家的身份是怎样出现的？这些点别人都是懂的，是能引起共鸣的。

丰子恺是一个宝藏老人，我真的难以想象这么多事情他是怎样做到的。有人说他不爱社交，因为他的心思没花在这，他

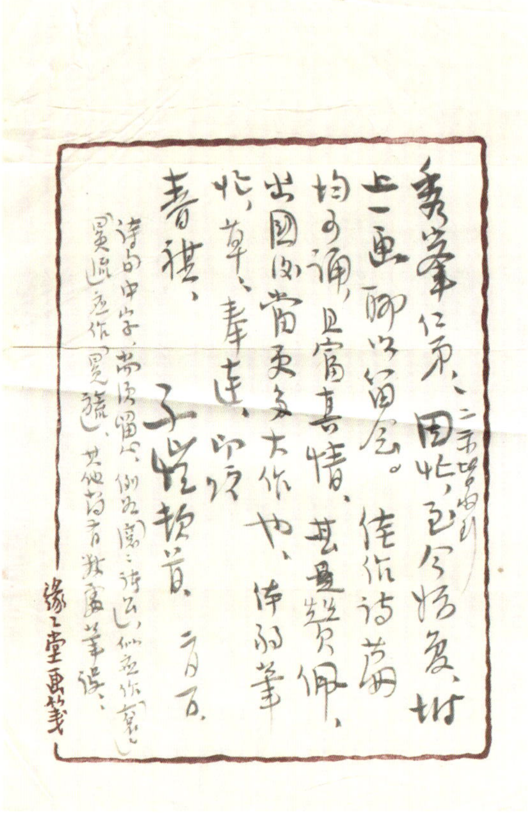

秀峰仁弟：（二月廿四日）因忙，迄今始复。附上一画，聊作留念。佳作诗两均可诵，且富真情，甚为赞佩，出国欣赏更多大作也，[illegible]笔忙，草草奉达，即颂

春祺。

子恺顿首 三月一日

诗句中字，常须留心，例如"窗"，窗诗句，似应作"窗"，"冥迟"应作"冥想"，其他尚有数处笔误。

缘缘堂画笺

丰子恺致常秀峰信

有太多的事情要做。他又有这么细腻的情感，他出去做了事情，回来又有很多产出。我和丰羽兄也说，你爷爷怎么这么神，有那么多挖不尽的宝藏。所以，怎样更深入地去挖掘丰子恺及其艺术的文化价值和精神意义，怎样让丰子恺及其艺术走出去，还有许多事情可以做、值得做，我会为之而努力。

说起丰子恺，回味起去年的这些展览，王一竹滔滔不绝，兴奋依然。一路走来，有太多的故事，有太多的感悟。那天下午访谈没完，晚饭后又继续赶到她下榻的乌镇博庐酒店访谈。

一直谈到深夜，我请王一竹题字留念。她有感而写：“不卑不亢，笑看人生。读丰老书籍有感。”

这是王一竹对丰子恺先生的真情流露。我相信，王一竹为丰老的真心投入和付出，既是因缘的延续，也是丰老爱心的传递。这份爱心，会传递到更多、更远的地方，温暖更多的人。

2019 年 11 月

把美好的生活状态带给大家

——朱钰芳谈晓风书屋与丰子恺

“这场突如其来的新冠肺炎疫情，对晓风书屋影响确实很大，这可以说是晓风创立近二十年来面临的最大一次困局。但想想丰子恺，想想他们那一代人经历的困苦和磨难，我们是没法跟他们相比的。眼下再难，我们也得坚守，也得尽力挺住，相信困难总会过去的。”2020 年 3 月 19 日下午，我找到刚在晓风书屋浙报店做完网络直播的朱钰芳，一见面她便说了这一番话。

认识朱钰芳已有好多年，也正是通过她的介绍，在 2016 年我有缘认识了丰子恺后人杨朝婴、杨子耘、宋雪君等。作为晓风书屋的掌门人，朱钰芳总是那么敬业和忙碌。我一直想约她谈谈丰子恺，她推了很多次，这天终于如愿。

没想到的是会在这样一个特殊时期，戴着口罩进行访谈。大疫无情人有情，说起丰子恺，朱钰芳总觉得很有缘、很有情。从她的话语和眼神中，我读到了她对丰子恺的那份敬重，读到了她对晓风、对未来的那份坚毅和乐观。

笔者：二十多年的坚守与努力，晓风书屋已成为杭州这座城市的一个文化地标、一种文化现象。丰先生曾说，杭州是他的第二故乡。晓风早与丰子恺结缘，您作为晓风书屋的掌门人，请您谈谈与丰子恺先生的缘起？

朱钰芳：其实从最早在三联书店工作时，接触了很多读书人，我对看书、读书也有自己的一些想法，包括像李叔同、丰子恺、马一浮等这些大家的作品是绕不开的。在书店工作时，我总有一个想法，想自己开一家有风景的书店。

这么多年来，我初心不变，最感兴趣的还是人文艺术类的书籍。直到现在，我们书店还是强调主题鲜明的人文类书店。看丰子恺先生的作品，我最早接触的就是那套《护生画集》，那时还年轻才 21 岁，看了很多遍，总觉得他告诉我们的东西，不会因为时间的变化而变化。护生，即护心。哪怕外界有再多的变化，世事变迁，我们自己虽然没有经历那么多变化，但身边的人有经历过。譬如第一家晓风书屋的很多顾客是南下干部，七八十岁、八九十岁，他们会跟我们讲年轻时候的故事。再回过头看丰子恺先生的作品，其实我觉得人这一辈子，说长也长，说短也很短，你做对了一些事情就好。护生，就是做对一件事情。从丰先生的作品里，我学到了很多东西。

后来确定自己开晓风书屋，丰子恺先生这种人文艺术，变成晓风特别想追寻的。“晓风”两个字，也与丰子恺有点渊源。

《办公室》（丰子恺作）

杨柳岸晓风，丰子恺叫丰柳燕，绕不开那种江南的柳树与春风的感觉。定名“晓风”，我们并不特立独行，就是想像一阵清风，带给杭州读书人我们自己的一些想法。

所以，开书店选书，并不是进来的读者想要什么书我们就进什么书，而是我们把好书推荐给读者。读者到书店里来，你在翻书的同时，我们的同事会告诉你我们看过的书。

因为喜欢，所以我也特别留意。很多东西也会冥冥中注定。我们到新新饭店，我就感觉那里有气场，因此在饭店的一楼开了个晓风书屋。丰子恺先生曾有句对联：“门对孤山放鹤亭，居临葛岭招贤寺。”在这里，经常会让我们想到当年文人的脚步，甚至想到丰先生他们喝了五斤黄酒相扶在西湖柳岸边的情景。似乎有个时空的转换，总觉得很有缘。

其实找到丰一吟老师，是嘉兴秀洲书局的范笑我牵线的。我们是老朋友，他与丰一吟老师有通信，把我的这件事情跟丰老师说了，丰老师说直接找她就行。

大概是2002年，我带着3岁的大女儿晓风一起去上海找丰老师。当时，还不好意思直接去拜访，而是先去她们开的艺林公司找到了杨子耘老师。杨老师给丰一吟打了电话，说杭州来了一个人想见您。丰老师正在家里接待浙江卫视的人，很忙，让杨子耘一起过去。随后，杨老师带我去了丰老师家里，见到她很亲切，我向丰老师介绍了晓风书店的一些情况，提出是否可以给晓风一些授权，用一些丰子恺的作品。那时丰老师70来岁，身体很好，说话语速很快，做事很果断。那天她很爽快地同意我的请求。从此，晓风开始做更多关于丰子恺的事情。这确实是一种缘分。

笔者：这些年来，晓风书屋坚持不懈传播、弘扬丰子恺艺术和精神。从晓风书屋这个窗口，让我们感受到，今天依然有很多甚至有越来越多的人喜欢丰子恺。您对丰子恺及其艺术有何新的认识和感悟？今天，我们怎样更好地去读懂丰子恺？

朱钰芳：在晓风有个传统，我们引导读者看书，把自己认为想要的或者喜欢的推荐出去。丰子恺的作品就是我们想要推荐给读者的。这二十年，我们卖过各种丰子恺的书籍，光上海译文出版社出版的《护生画集》就卖掉了两千多册。据不完全统计，各个版本的《护生画集》我们卖掉过两万多册。

晓风书屋组织或参与的丰子恺讲座、展览活动不计其数。2018 年举办了丰子恺诞辰 120 周年系列展览，我们全程参与了杭州举办的这场展览，给我留下的印象最为深刻。开展前一天晚上，我夜探正在布展的浙江美术馆，还带了两个朋友去，其中一个是汪家明，他是一位非常喜欢丰子恺先生的作家、出版人。那天晚上，他一幅一幅地看，一幅一幅地讲，我深受启发。浙江美术馆的这场展览开展后引起的轰动，出乎意料。原定两周的展览，因观众的要求，延长到一个月，累计观展人数超过了 13 万人，是近些年美术馆展览参观人数最多的一次。我们也参与了当时的几场讲座，我们邀请陈星、钟桂松、丰羽等人讲丰子恺，网上预约几分钟就满了，每次讲座现场都座无虚席。

这些年我们做过一系列的丰子恺文创产品，最受欢迎的是环保书袋，物优价廉，男女老少谁都能用。每次参加上海书展，都能卖掉几千个。2018年丰子恺诞辰120周年，我们用邮政特别推出的邮票《仰之弥高》，搭配一本笔记本，卖得也很好。我们结合特定时间、特定场景开发的文创产品，更受欢迎。

那年，在香港举办丰子恺和竹久梦二精品画展，我是特意赶去观展的。期间，再次见到了小思老师，一个很清秀的老人。据丰一吟说，小思老师是最早研究丰子恺的。小思老师评说丰子恺的话语不多，这跟我们接触丰子恺先生的东西越多越不敢说是一样的。这些年来，我也看了很多丰子恺的书和作品，反而也不敢讲了，越来越觉得丰子恺太伟大了。他涉猎的绘画、文学、音乐、翻译等各个领域，成就实在太丰富，迭代出来的东西也很多。

丰子恺的展览、丰子恺的作品为什么那么受欢迎？他的魅力是值得挖掘的。前段时间，我在推荐一本好书《子恺漫画全集》时曾说过，丰子恺先生是我非常喜爱的一位大家，他会画、会写、会音乐、会翻译，还会金石篆刻等等，多才多艺，样样精通。一幅幅子恺漫画寥寥数笔却传神生动，只撷取生活中极平常的场景，却带我们走进了丰子恺内心最柔软的一面。丰子恺虽然长期在外，但他很关注自己的孩子，他很爱自己的孩子。看丰子恺先生的作品，或能看到黄发垂髫怡然自得，或能看到众生百态烟火人间，或能看到闲适自在豁达人生。通过书中的漫画，我们不仅能了解到这位画家的本心，读懂社会、读懂儿童相，更能带给我们许多人生的启迪。

我觉得丰子恺的作品，大部分是没有跟时代背景粘连的，他想把他美好的生活状态带给大家。就像我们在谈刘禹锡的诗“旧时王谢堂前燕，飞入寻常百姓家”，在不同的环境下，我们还是一个普通的老百姓，不管什么程度，我们都希望这只燕子飞到屋檐下来。丰子恺的画和文章，就像一只穿越各个时代的燕子，还是会飞到老百姓家的屋檐下。他的社会相作品也在披露社会丑陋的东西，如教育的丑陋；儿童相作品展现孩子的天真，现在的孩子也是这样天真。他好像穿越时空，更多的是对美好的理解和传递。丰先生其实是一个不善于说话的人，但在他的画和文字里，把他对美好的理解全部放进去了。

笔者：多年来，您与丰子恺后人有广泛而深入的接触与交流，请您谈谈对丰家后人的印象。

朱钰芳：与丰一吟老师相识十多年，她太像丰子恺了。很多事印象很深，有一次她到杭州来，我说安排一个什么牌子的车去接她，她说她不认识任何车牌子的，无所谓的。

丰老师有个习惯，她随身带有小卡片，把所有的包装盒留下来，裁成名片大小，随时记下想记的东西。她其实一直是个记录者，记录她父亲原先的一些事情，并不断作补充。我看过她的小卡片，在她床头的柜子抽屉里满满都是小卡片。在她家里还有很多用废纸折的小盒，用来扔些垃圾。她吃饭也很简单，不讲究，长期是分餐制。这种节约、简单的习惯，是家风的传承。

包括过年时家里人互换礼物，这种文人家庭传承下来的习惯、故事，让我很是羡慕。我觉得，我们一直想要的是有人了解你，有人与你沟通，丰一吟就生活在这样的环境里，我希望我的孩子以后也能得到这样的教育。

《思为双飞燕，衔泥巢君屋》（丰子恺作）

后来，我经常跟着丰一吟去上海、桐乡等地参加活动。一起去桐庐寻访时，还见到了马一浮先生的后人，他们拿出了当年丰子恺送给马一浮后人的一幅字画。从中能够看到，丰子恺和他的后人很受尊重。

我和丰子恺的二代、三代甚至四代后人，都有交集，我见到的是一个非常干净的大家庭。也许是传承的原因，丰家后人基本没有从政，也很少经商。我一直关注他们开设的艺林，很喜欢他们做的丰子恺文创产品。后来，上海的丰子恺旧居要关，他们来和我商量，我说可以到杭州来做一个子恺艺术的文创公司。有了这个公司，我们的关系更紧密了。原先我作为小跟班，跟在他们后面跑跑看看。自从参与了子恺艺术文创的研发，我与丰家整个大家庭接触很多，特别是与丰一吟家、杨子耘家、宋雪君家等来往更多。近些年，丰羽做了很多事情，我与丰羽一家的交流也多起来。还与很多海内外的丰子恺研究专家、爱好者有了交往。另外，为了更多地了解学习，我们参与陈星老师主持的弘一大师·丰子恺研究中心的工作和活动。接触越多，无论是丰子恺的个人魅力，还是丰一吟的个人魅力，让我越来越敬畏，也觉得我和大家做了一件很有意义的事情。

最近，结合抗疫，政府部门联合新闻单位挑选丰子恺漫画推出公益宣传，影响广泛，效果很好。丰先生后人对丰先生版权处理，除了出版物外，其实是蛮宽容的，很多作品用于无偿宣传。特别是在他的家乡桐乡，很多部门和单位都在使用丰先生作品。这也是丰先生精神和丰家家风的传承。

笔者：您说过，晓风书屋也是你们的“女儿”，为杭州这座城市而养。晓风书屋对丰子恺也是情有独钟，已让您无法割舍。后续，您还有些什么打算?

朱钰芳：原先我以为参与丰子恺文创的研发，我们做的是一件小众的事情，没想到小众的力量那么巨大。这让我更有信心去把丰子恺的文创做好。其实，我们最早做丰子恺文创时，很多人劝我不要投入太多。确实，做这样的文创产品是很押资金的，设计和制作也很费时间。但这几年的实践，让我们信心大增。接下来，我会把丰子恺先生文创的事业当作毕生的事业，继续做下去。

那天，我看许倬云的《万古江河》时，他提到文化是江河湖海，最后还是要归到海里面。其实，我觉得人的这一辈子，也像江河湖海。我和我先生是因为喜欢书而开了一个小书店，那时就是一条小溪沟。虽然我们不是从山里出来，但希望书店这个小溪沟里流淌的是一股清泉。清泉里有伟人的东西，我很敬畏这些人，希望他们的作品在小溪里“活得很开心”。

现在讲互联网，我经常把互联网比喻成“公海”。那我们怎么流到海里去？这些年我们在不断积累和沉淀，晓风从一条小溪慢慢变成了一条小河，把很多我想表达的东西带进去。而且，我想和别人的河水有些不一样，我要有我自己的定位，我想要的是一条从山里流出来的干净一点的小河，又想是一条宽一点的河，我就带了一些文创产品，如丰先生的文创，还有我们自己做的咖啡、茶点等，慢慢拓宽了晓风的经营领域。丰先生的书籍和文创也好，丰先生交集过的这些人的作品和文化产品也好，我们会一直做。

尽管我也不知道做到后来会是怎么样，我们经营的这条河会是怎么样。但至少现在“公海”在向我召唤，希望我们走进互联网。走进互联网，同样必须有自己的东西，我觉得我们一直在做的类似丰子恺这些有思想、有风格的书籍和文创，我们必须坚持，也希望能把我们这条河里有特色的东西输送到“公海”里去。

这段时间，我们一直在互联网上尝试直播和推荐，我们多年来认识的这些人和事，会变成我们走进“公海”里去的一张特立独行的名片。譬如今天我们请丰家的人讲丰子恺，明天请李家的人讲李叔同……这是晓风特立独行的资源优势。视野打开了，现在发觉有很多东西可做，而且做不完，一辈子也做不完。我们也希望像丰子恺那样，尽心尽力把美好的生活状态带给更多的人。

2020 年 5 月

柳燕随春归

——陆昌友谈丰子恺在遵义

南坛何处觅旧踪，丰师星汉意从容。
逃难嫁女逢喜事，成都菜馆聚高朋。
浅黄婚书秉笔写，签名册页志光宠。
七十七年再回首，西迁情愫胜酒浓。

2018 年冬，遵义历史文化研究会副会长陆昌友有缘结识丰子恺外孙宋雪君，共同回望丰子恺在遵义的那段历史，畅谈宋雪君父母当年在遵义举办的那场婚礼，从此交往不断。陆昌友写了开头这首诗书赠宋雪君留作纪念。

2020 年 5 月下旬，丰子恺嫡孙丰羽专程到遵义考察，筹备丰子恺遵义执教 80 周年纪念展。陆昌友应邀参加筹备座谈，并全程陪同丰羽一行重走当年丰子恺、赵乃康子午山谒陵之行线路，在狮子桥

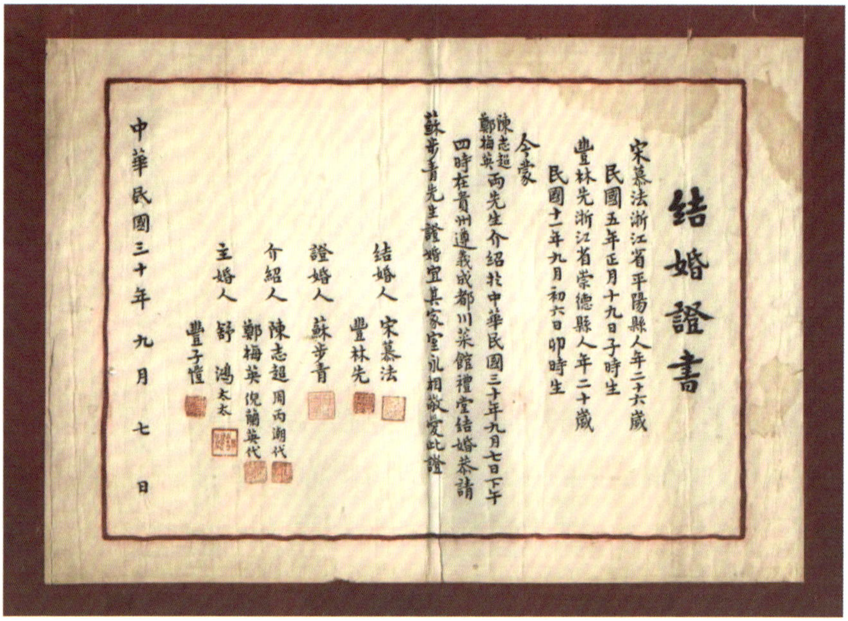

結婚證書

宋慕法浙江省平陽縣人年二十六歲
民國五年正月十九日子時生
豐林先浙江省崇德縣人年二十歲
民國十二年九月初六日卯時生
今蒙
陳志超
鄭梅英兩先生介紹於中華民國三十年九月七日下午
四時在貴州遵義成都川菜館禮堂結婚恭請
蘇步青先生證婚宜其家室永相敬愛此證

結婚人 宋慕法 豐林先
證婚人 蘇步青
介紹人 陳志超 周西湖代 鄭梅英 倪韻英代
主婚人 舒鴻太太 豐子愷

中華民國三十年九月七日

宋慕法丰林先结婚证书（丰子恺书）

头寻觅南坛巷、星汉楼遗址。而后，陆昌友有感而发，写诗一首，饱含他对丰子恺先生的景仰和相关纪念展活动的期待。

丰师避难时，南坛湘水偎。
疏星渡河汉，子午仰崔嵬。
美髯飘市井，佳作矗巨碑。
羽丰复翼满，柳燕随春归。

早在2018年，我从陆昌友老师发表在《浙江日报》的文章中，关注到了他对丰子恺的研究。曾经担任遵义教育学院现代汉语和形式逻辑教学的陆昌友，在2011年临近退休之际，被浙大西迁史深深吸引，怀着浓厚的兴趣一头扎进遵义的历史研究中，一提起浙大西迁遵义的历史，他就如数家珍。2020年5月，趁出差贵州之际，我初识陆昌友老师，并作了一次访谈。

笔者：作为遵义市的历史文化研究专家，您关注和研究丰子恺先生在遵义的缘起是什么？

陆昌友：实际上我对丰子恺先生谈不上研究。我对丰子恺先生的关注，是个机缘巧合。2018年下半年，浙江温州衍园美术馆要组织丰子恺先生诞辰120周年纪念展览，其中涉及一件文物，是丰子恺先生1941年9月7日在遵义的成都川菜馆为他的二女儿举行婚礼时，丰先生设计手书的结婚证书和嘉宾签名册页，上面有70多位来宾签名。这既是涉及浙大西迁遵义办学的一桩往事，也是浙大西迁文化和遵义地方文化的一次非常好的交流机会。为什么这样说呢？在 70 多位签名嘉宾中，签在第一位的是遵义地方文化耆宿赵乃康先生，接着有欧阳缪、胡楚渔等文化名流。更多的是浙大执教的老师，不少是丰子恺女婿宋慕法的同学、同乡。这个嘉宾签名册经媒体报道后，引起了浙大西迁后代及社会各界的兴趣和广泛关注。其中一位嘉宾的女儿王遵雯，她就在西迁后代微信群里跟我联系上，一个是要我帮着找在遵义的签名嘉宾，同时向浙大的一些老师同学了解些情况。我也希望能够通过我把他们找出来，为此，我就写了那么一篇文章《薄薄的结婚证书，浓浓的西迁情愫》，发表在《浙江日报》上，从此我就对丰子恺先生有了很浓厚的兴趣。

笔者：丰一吟回忆遵义往事，谈到丰林先与宋慕法的那场婚礼，说这是“我们逃难以来的一桩大喜事”。请您具体介绍下与这场婚礼相关的一些情况。

陆昌友：这确实是丰家的一桩大喜事，给了“逃难”中的丰子恺和一家人莫大的喜悦和欣慰（不光丰一吟，当年的浙大师生，都把西迁称作“逃难”）。我希望从结婚证书和签名册页入手，去寻找相关人的信息，去寻找婚礼背后的故事，力求还原七十七年前浙大西迁遵义办学历史上那件令人难忘的喜事，再现科学泰斗、艺术大师、耆宿名流、求是精英的风采，展示凝聚于结婚证书和签名册页中力透纸背的西迁情愫，传承已深深植根于历史文化名城遵义的求是精神。

1941 年 9 月 7 日下午 4 点，遵义的成都川菜馆里高朋满座、热闹非常，一场别开生面的婚礼正在举行。新郎宋慕法，浙大理学院生物学系民国二十九年（1940 年）毕业生，其时就职于离岳父丰子恺寓居的南坛巷星汉楼不远的中国蚕桑研究所，同时还在丰家做家庭教师。不久，他就去湄潭的永兴做了浙大助教。新娘是丰子恺的二女儿丰林先（宛音）。此时，新郎身着从同学那里借来的一套西装，新娘披着竺可桢校长送的一床绣花被面，权当婚纱，不显半点寒酸，反而充满幸福，正喜气洋洋地接受来自亲友的祝福。

这是一场由浙大西迁遵义办学带来的新式文明婚礼。在没有完备婚姻登记制度的遵义，无须官方认可，当然也就买不到规范印制的结婚证书。于是多才多艺的丰子恺找来一张粉红色的纸，设计了一份结婚证书。他用毛笔端端正正地写上二位新人的姓名、籍贯、年龄，出生时间不光用了农历，还写上了时辰，这就在婚书中留下了传统婚俗的印痕。

接着，写下婚姻由来、结婚时间、地点、证婚人等作为证书的必备内容，然后是结婚人、证婚人、介绍人、主婚人的姓名。关键是还让每个人都盖上了鲜红的印章，这就显得很郑重其事。尽管介绍人陈志超、郑梅英夫妇已回温州老家，但也专门请了随丰子恺从家乡逃难出来、在浙大文学院史地学系作绘图员兼书记员的私淑弟子周炳潮、倪兰英伉俪代替，他们也认认真真地盖了印。证书四周，细心的丰子恺还精心用笔勾画了一个红框，既彰显了艺术家的才气，又提升了结婚证书的品位。

同样，丰子恺先生用另一张粉红色的纸，设计了一个有深红边框的来宾签名册页，丰先生工工整整地写下了“敬请签名永志光宠”的字样。

这样一个不要“父母之命”的新式婚姻，因为丰子恺先生

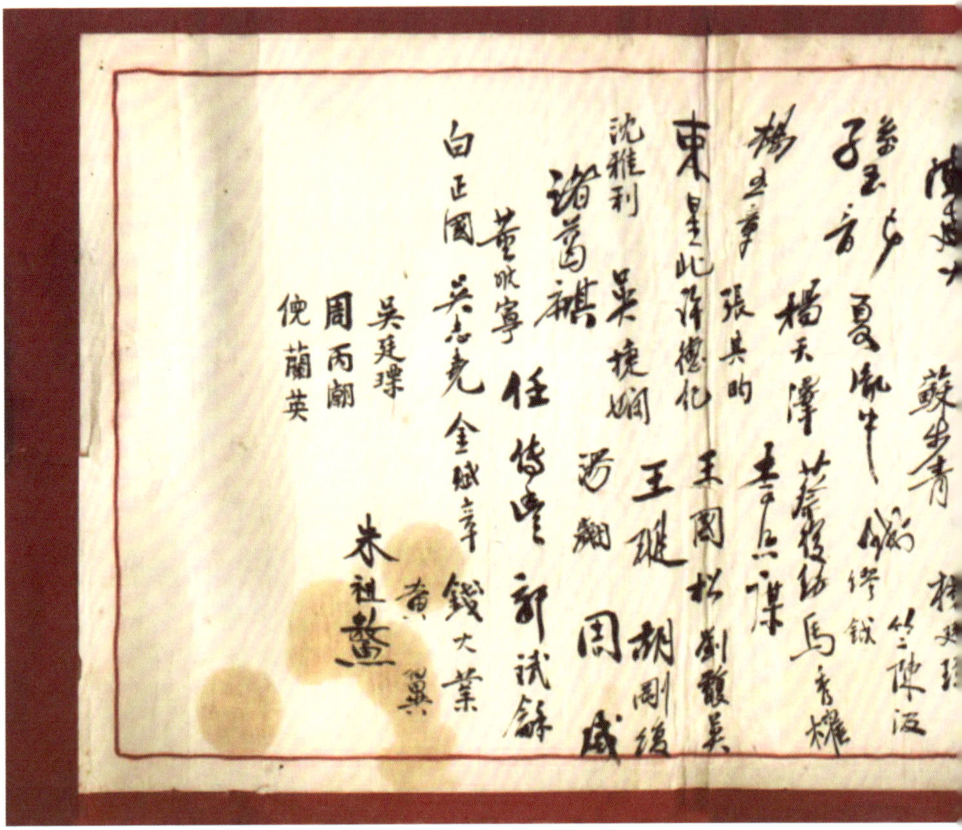

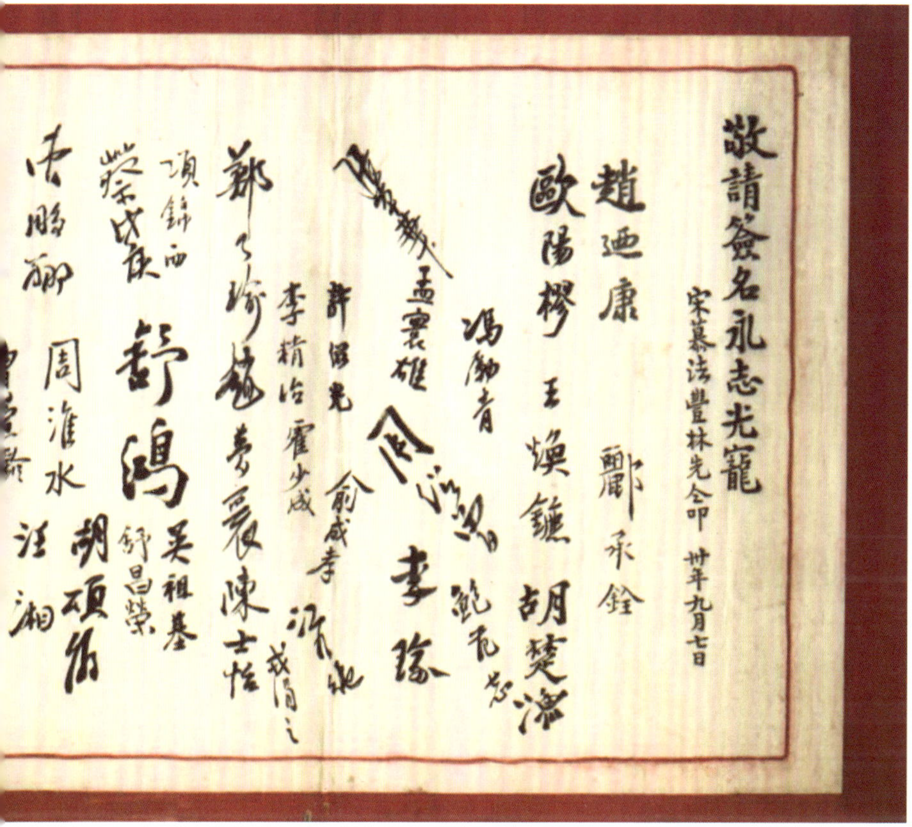

宋慕法丰林先婚礼嘉宾签名册

在浙大、在遵义的人脉，还有刚从浙大毕业不久的新郎官宋慕法的同学、同事、同乡间的人缘，让婚礼办得相当高端大气上档次，堪称遵义小城一次文化名流咸集、知识精英汇聚的盛会。在册页上签名的嘉宾就有74人之多。他们中有时任工学院院长的李熙谋，理学院院长胡刚复，师范学院院长王琎，担任主婚人的数学系主任苏步青，电机系主任王国松，史地系主任张其昀，国文系主任郭斌和，数学系教授陈建功，物理系教授束星北，教育系教授黄翼，化工系教授刘馥英，国文系教授王焕镳、郦承铨、缪钺、讲师许绍光等浙大精英，都是学术界叱咤风云的人物。校长办公室秘书诸葛麒，校医务室医生周威等也留下了他们的名字。

有趣的是，被称为“奥运金哨”的舒鸿教授，在册页上留下了字迹最大的签名，他十四岁的儿子舒昌荣，紧随其下方，也在册页上签下笔墨清秀的名字，而他的太太因与新郎同乡，代表男方家长作为主婚人，却只是以“舒鸿太太”的名义在结婚证书上“露了下脸”，连印章都是用舒鸿的。

在遵义办学期间多次为浙大毕业生证婚的竺可桢校长在重庆出差，未能参加。但他的夫人陈汲女士来了，而且在册页的中部下端签下了“竺陈汲”三个字。这位毕业于北京女子师范大学的才女，签名时不忘冠上夫君的姓。

婚礼上活跃的另一个群体，是新郎宋慕法的同窗、同事和知交好友，同样出现在来宾签名册页上。

苏步青教授培养的“四大金刚”中的两位——浙大数学系研究生吴祖基、助教白正国，浙大史地系研究生周恩济，浙大永兴分部物理助教曹萱龄、江乃纯，数学助教钱大业，浙大工学院土木系助教董维宁，机械系助教汤翊、钮因美，生物系助教吴长春，教育系助教吴志尧，文学院文牍员李精治，宋慕法同事、蚕桑研究所研究助理陈士怡、马秀权等。

一些在读的浙大学生也出现在婚礼现场并签下大名，他们是：教育系毕业班学生周淮水、汪湘，教育系学生戎涓之，化工系学生俞成孝，土木系学生项锦西，数学系学生邓劢，史地系学生蒋以明、沈稚利，化学系学生朱祖鳌等。

另外，还有在遵义浙大1940年毕业的吴廷�（土木）、任传丰（机械）、鲍范志（农化），1941年毕业的霍少成（机械）、郑乃瑜（化工）、赵梦寰（化工）、张本华（生物）等嘉宾，只能从竺可桢校长收藏的毕业生照片或其他散见的资料中依稀寻觅到他们模糊的身影！

婚礼既然在遵义举行，当然少不了本地名流的光顾，或许还有慕丰子恺先生大名而来者，也未可知。

出席婚礼最早、在签名册页上第一个签名的赵乃康先生，是遵义的著名学者、《续遵义府志》的主要编撰人，也是丰子恺先生的好朋友。半年多以前的正月新七（人日），两人就曾邀朋结友，去禹门沙滩拜祭“沙滩文化”杰出代表郑子尹、莫友芝、黎庶昌陵墓，归来结集诗文书画而成《子午山纪游册》，成就浙大西迁遵义的一段佳话。同往谒陵的浙江乐清人李瑜、江苏武进人冯励青也签了名。

签名册页第二人，是别号“墨颠”的欧阳樛，这位工诗词、善书画、擅长篆书隶书的法官，做过遵义的法院院长、检察长，与丰子恺先生应当是颇有交往，值此喜事，理应捧场。至今，在浙大遵义校本部子弹库里的郑莫祠，还可以看到欧阳樛为遵义罗庄（丰子恺曾居住过）主人罗徽五用篆书刻写的一通石碑。

胡颂翰，是在遵义县农本局任职的浙江人，浙江同乡会理事。竺可桢校长日记中曾数次提到，他为仙龙巷一号浙江小学的开办、运行、协调、筹集经费等出了很大的力，功不可没。他的名字也出现在签名册页中。

胡楚渔，在遵义县中做过教师，擅长画写意墨竹，山水画也独辟蹊径，是40年代初诸葛麒、郦承铨等浙大教职员都参与其中的遵义萍舸书画社的成员。

遵义文史专家曾祥铣前辈指着签名册页中的两个人名跟我说："杨天泽是遵义的著名老中医，杨廷璋是教会学校遵道小学的创始人，其侄子杨相华当过遵道小学的校长。"

就是这一纸历经岁月沧桑、显得有些泛黄的结婚证书和签名册页，牵动了众多人的心。有一段时间，"寻亲"成了"西迁后代"微信群的热门话题。一个个尘封已久的名字，从不同的渠道浮出了水面。目前，已经摸清了66位签名嘉宾的情况，但至今还有8位嘉宾无从知晓他们的相关情况，期待在今年的寻找中能有更多的收获。

笔者：请您介绍下丰子恺先生迁居遵义、执教浙大的一些情况。

陆昌友：丰子恺先生是1940年元月到了遵义，先是短暂地在丁字口附近住了一段时间旅馆，不久搬至何家巷浙大宿舍，在那里居住不久，随后迁到遵义城北，寄居在松子坎大财主罗徽五庄园。丰子恺租住的罗家祠堂的房子是三开间，中间的后半间供牌位，前半间用作吃饭，左右两间为居室。丰一吟回忆说，那是她家逃难以来住得最宽敞的地方。在遵义，丰子恺结束了高度紧张、惊魂不定的逃难生活，精神渐渐松弛下来。但搬至罗庄不到一个星期，丰先生患了痢疾，病得很重，几乎要命。好在同住罗庄的陆军大学中国籍德国女医官汪小玲替其灌肠治疗，他才逐渐恢复过来。

丰子恺先生在罗庄住了将近一年，1941 年早春迁到了城南狮子桥附近的南坛巷，租住一熊姓人家的两间新房。据丰一吟回忆，在熊家新屋，向南开窗可望见湘江，风景很好。有一天晚上，丰先生临窗独酌，但见月明星稀，与楼前流水相映成趣。他忽然吟唱起苏东坡的《洞仙歌》来，当他吟到“时见星疏渡河汉”时，反复吟诵此句，灵感忽至，便给熊家新屋冠上“星汉楼”的名字。酒后，欣然执笔写下了这三个字。后托人装裱，悬挂于前房内。在罗庄也好，在星汉楼也好，丰先生一家能够有着相对稳定的环境。但时而得躲避空袭，每当防空警报响起，丰先生就从星汉楼里背着老母亲带着两个女儿躲进附近的狮子桥边防空洞，也算是有惊无险。

丰子恺在遵义期间，交友甚广，他常与王星贤、黄羽翼、田德望、蹇先艾等人来往。与叶圣陶、夏丏尊等众多师友常有书信往来，谈艺术、谈抗战、谈人生。诚挚的友情使丰先生感到无比温暖。也有不少朋友专程来看他。1942 年 5 月，丰先生在汉口结识的好友、著名作家戈宝权来到遵义，听说丰子恺在遵义，就马上找到星汉楼去看望丰先生，丰先生热情接待了他，还在一家名叫“浙江餐厅”的餐馆请他吃了饭。

《肯与邻翁相对饮，隔篱呼取更添杯》（丰子恺作）

据丰一吟回忆，在一家人即将离开遵义星汉楼时，1942年10月18日晨，丰子恺收到电报得知最敬重的老师弘一大师圆寂的消息，丰先生静静地在星汉楼临江窗前坐了一会，没有惊慌，没有痛哭。他说，他的惊慌和痛哭在确定弘一大师必有一死之前早已在心中默默地做过了。此时，丰先生在心中发了个愿：要为弘一大师画像一百尊，分寄各省信仰他的人，为他勒石立碑，以垂永久。预定到重庆动笔。然后照旧吃早饭，整行装，觅车子。

因为浙大，丰子恺与遵义结缘。丰子恺先生在浙大任教的时间应该是1939年4月，浙大还在宜山的时候，他就已经受聘在浙大执教。在遵义浙大期间，丰先生除继续任教“艺术欣赏”课以外，还增授“现代文学习作”课，同时批改学生作文。丰一吟在回忆录中提到，因出色的教学效果，丰子恺于1941年秋季开学时升任副教授。我自己收集到的一份史料，就是在1941年10月有一个浙大教职工领取膳食补助费的名册上，上边已标注丰子恺先生是副教授了。

丰子恺先生因博学多才、为人随和，很受学生欢迎。而且，他和浙大的老师也有密切的交往和深厚的友谊，如浙大文学院国文系的王焕镳等。

丰先生还颇受竺可桢校长器重。据我初步考查，《竺可桢日记》至少有三处提到了丰子恺先生。第一次是1940年8月15日，竺可桢校长到西蜀会馆化工系和陆军大学的餐厅参观了机械、电机两系的展览以后，他日记里面这样记载：“允敏乘车回，余则走回，梅又偕彬彬、宁宁二儿至罗庄晤丰子恺，求其题漫画。”这给我们几个信息，一个就是竺校长和他的家人与丰先生很熟悉，才会去丰先生家里求画。另外一个信息，就说明1940年8月这个时候，丰子恺先生还住在罗庄。

《竺可桢日记》还有记载：1941年8月12日午后，竺校长"出至对河南潭（坛）晤丰子恺，以应尚能所谱马一浮浙大校歌交与，以备二三日内在柿花园一号试唱"。能让事务繁忙的竺校长牺牲午休时间，亲自登门，足见丰子恺在他心目中的位置。又据8月14日的日记记载：下午四点，在老城柿花园一号教职员俱乐部，竺可桢校长主持，由浙大学生"回声""大家唱""飞燕"三个合唱团八九名团员参加的校歌试唱，除教务长、各学院院长和涂长望、黄翼、苏步青、王国松等著名教授外，精通音律的丰子恺也在现场，自始至终参加了试听、品评和审定。这两则日记说明，在竺校长的器重之下，丰子恺参与了浙大校歌歌谱的审定。

在遵义期间，丰先生一方面认真做好浙大的教学工作；另一方面，是炮火硝烟的洗礼、颠沛流离的困顿，激发了他的创作灵感。他埋头38天，将因战乱被炮火毁掉原稿的旧作修改重绘，增添以抗战时期一路逃难所见所闻创作的百余幅新作，共得画424幅，编为《古诗新画》《儿童相》《学生相》《都市相》《民间相》《战时相》六册，题名《子恺漫画全集》，交上海的开明书店，于1945年底出版。其中反映抗战流亡的《战时相》反响尤为强烈，影响特别巨大。这和丰子恺凝聚热血，融汇家国情怀，在遵义街头创作大量的抗战宣传画密切相关。他在市中心丁字口与那位颜姓青年画家和一位八龄小画家共同创作的表现日寇残杀我国同胞的巨幅宣传画，至今还深深地印在老一辈遵义人的脑海里。他在《客窗漫画》中“一寸丹心三尺剑，更无余资答君亲”的诗句，更是让人热泪盈眶、热血沸腾。

世居江南、深受名山秀水熏陶浸润的丰子恺，以善画杨柳、燕子著称，时有“丰柳燕”的雅号。而在遵义，得崇山峻岭、层峦叠嶂、云蒸霞蔚景象的陶冶，尤其是携儿女在黔北佛教圣地金鼎山寺庙中小住数日的潜心观察、描摹写生，使他颇有感悟，画风也为之一变，留下了《不畏浮云遮望眼，自缘身在最高层》《青山不语，残月当门》《青山个个伸头看，看我庵中吃苦茶》等妙趣横生的漫画佳作。

可以说，结束逃难，在抗战后方的小城遵义，丰子恺赢得了近三年相对稳定的时间，他潜心教学、热情创作，使之成为他抗战以来艺术创作的黄金期和丰产期。

笔者：丰子恺先生与遵义特别是遵义文化结下不解之缘。请您介绍下传世名作《子午山纪游册》的相关情况。

陆昌友：丰子恺先生在遵义近三年时间，和浙大的师生有着密切的交往，和遵义的文化人也有着密切的交往。正是丰先生与遵义硕儒赵乃康的诗酒唱和、过从甚密，催生了 1941 年初丰子恺同赵乃康诸先生祭扫郑莫黎墓的沙滩子午山之行。《子午山纪游册》就是一次浙大西迁文化和遵义地方文化交流和融合的历史见证，也是重要成果。

辛巳年（1941 年）正月初七，是民间习俗所称“人日”，天气晴朗、暖和。上午 8 点，湖南长沙人罗展（巴山）找来公路局用于勘路的汽车，与丰子恺、赵乃康、李瑜、冯励青一行 5 人，从遵义城外的白田里出发。一路经礼仪坝防贼人的寨城，

《不畏浮云遮望眼，自缘身在最高层》（丰子恺作）

过老蒲场的湘湖棉花销售场，又经中坪连绵起伏的青棡林，前往横跨仁江河粼粼白石之上的青乘桥，渡桥东行至车水场，下车由便道步行8里，约午后到达落石台胡忠相八字朝门的公馆。

胡公馆，是方圆数十里都数得着的大宅院，依山傍水，茂林修竹，重檐雕梁，优雅别致，是前清遗老胡忠相解却兵甲、归隐桑梓的庄园。胡忠相是遵义沙滩禹门人。据典籍记载，其为保定陆军部将弁学堂毕业，宣统二年（1910年）补辎重兵副军校。他还做过贵州讲武堂的教官，是贵州省主席周西成的恩师和从军引路人。曾参加蔡锷的护国军，讨伐袁世凯。袁世凯下野后告老还乡，与各界名流结交往还，做了一些社会公益之事。

被当地老百姓称为胡团长的胡忠相，年已七十，见贵客临门，喜出望外，亲自在大门外迎候。主客一众观门前垂柳依依，赏庭院梅香初溢。举头仰望园中门楣赵乃康民国十五年(1926年)篆书石刻“棠棣增荣”四个大字，众人赞赏有加。又以昔日高适人日寄杜甫诗“柳条弄色，梅花满枝”与今日此景相同，于是，佐以香茗诗酒唱和，直达夜阑。这番令人难忘的情景，后来“雁荡才子”李瑜赋诗写道“梅随客至香初透，柳待春回绿未生”，丰子恺便以“柳待春回绿未生”绘就漫画一幅。诗画相映，既将主人家梅放枝头、疏影横斜、暗香浮动的景象展示出来，又把诗人自身为避战乱、偏居一隅，渴求抗战胜利、得以安生的心境显露无遗。

次日晨，丰子恺、赵乃康一行步行经龙坑王青莲旧宅、王氏节孝坊，过乐安江上平远桥，抵达禹门寺。睹旧日名寺1917年火灾后瓦砾荒墟。至后殿饮老僧所遗香醪解渴。出由沙滩经“琴洲”侧畔黎氏居所村落过尧湾，登上子午山。

一行人先在谷口米楼遗址处汲水烹茶，再沿石径而上，瞻拜前临团湖、正对谷口的郑珍墓。郑墓封土呈悬胆形，墓前立有一块高一米有余的石碑，碑上竖刻“郑徵君之墓”五个大字。看见郑珍茔地逼仄，众人感觉昨日所谋在此处筑一座拜台实在必要。欣赏左侧郑母墓上由郑珍“伯仲手所锓刻”的墓表，众人赞叹为“邑中金石第一”。

在郑珍墓参拜、盘桓良久之后，众人由山后沿江上溯三四里，至青田山山势舒缓中峰处，拜谒莫友芝墓；再下山至渔塘山势平远处的黎庶昌墓祭拜。直至天色薄暮，方才入瞻黎庶昌故居钦使第并投宿于此。

第三天，丰子恺一行历江北小山访夷牢亭故址后，返回胡忠相的公馆，高谈阔论，吟诗作画，觥筹交错，尽欢而息。

到了第四天，众人乘兴游岩孔山长木堰的节孝寺。在这座某节孝妇人因无子嗣、改其居为寺宇的庙堂里，丰子恺应寺僧要求描摹佛像。令人称羡不已的是：“先生画佛，每一笔一呼佛，百八笔而佛成，此独有之奇也。”（赵乃康语）这奇情奇景，还被赵乃康、李瑜写入诗中。赵诗云：“一笔一佛佛生辉，百八笔声皆慈悲。”李诗曰：“何劳尘外访，画里见维摩。”

待次日再乘车返回城中，已是五日之后了。丰子恺、赵乃康一行子午山谒墓之旅，收获颇丰。计有丰子恺所作漫画十三幅，赵乃康文章四篇，李瑜诗九首、词一阕，冯励青诗五首，罗展诗二首，胡忠相诗一首。

一路行来，众人还想“谋稿费将为西南大儒石坊于山前，再树先生故里碑于此道侧”（赵乃康语），于是，就有了把画作描摹下来，将诗文书写出来，再编纂成册、印刷面世的想法。

经过丰子恺、赵乃康等人的不懈努力，事情很快有了眉目，而且进展顺利。首先是地方官员第五行政督导区专员刘千俊、地方法院院长卢益美、遵义县县长刘慕曾出资襄助，同游子午山的冯励青、罗展随之解囊跟进。遵义各界人物，也纷纷解囊。他们的善举，为《子午山纪游册》的编纂奠定了坚实的经济基础。

赵乃康、丰子恺、李瑜三位编辑者，征集来法院院长卢益美的《旅遵谒郑莫黎三先生墓书怀五十韵》，辞官赋闲者牟琳的《望山堂感怀》，商界领军者喻界凡的《过子午山谒郑珍君墓》等诗作，为“纪游册”增色添彩。开宗明义、举足轻重的序言则由浙大文学院国文系的王焕镳担纲。没多久，言简意赅的400余字的序言脱颖而出，与“雁荡才子”李瑜的跋语首尾呼应。至此，一部集名家、名宿、名师、名流为一体，融漫画、雅文、美诗于一炉的《子午山纪游册》呼之欲出。

1942年5月，这本由赵乃康用篆文题写书名、用毛笔手书手绘的《子午山纪游册》，以每册拾元的定价，在遵义问世。该书以图文并茂的方式进一步拓展了对以郑莫黎为代表的沙滩文化的研究和影响，为日后浙大张其昀在《遵义新志·历史地理》一章中“沙滩不特为播东名胜，有清中叶曾为一全国知名之文化区”的论断提供了鲜活有力的论据，更为遵义方兴未艾的抗战文化书写了浓墨重彩的一笔，丰富了抗战时期乃至当今遵义的地域文化。

《看花携酒去，酒醉插花归》（丰子恺作）

笔者：遵义给了丰子恺很多的影响，而丰子恺以他自身的艺术和人格魅力，在遵义也留下了许多脍炙人口的故事和丰厚的精神财富，请您作些介绍。

陆昌友：费孝通先生的16字箴言：“各美其美，美人之美，美美与共，天下大同。”用来表述丰子恺先生和遵义地域文化的关系应该说是比较恰当的。

丰先生过去画山水都是画江南山水，而到了贵州来，黔北的山水和江南之山水有着明显的不同，怎么来表现遵义甚至黔北的这种地域文化，丰先生直接上了遵义的名山金鼎山，在那上边住了好几天，然后就观察遵义山水，找到这一山水的特点来进行绘画创作，也就丰富了他自己的创作源泉。丰子恺先生到遵义执教的时候，是抗战最艰难的时期，丰先生以他自身的家国情怀投入抗战当中去，和师生一起在遵义街头创作了大型抗日宣传漫画，这在遵义老一辈人的心中还留着很深的印象。

今天，在遵义还流传着丰子恺以画募捐的故事。据柏义芳老人回忆，有一次，她和同学们为支援抗日前线募捐，不知不觉间走到了丰子恺的家，丰先生不在家，过了一会儿，丰先生下课回来了，非常热情地招呼大家，但一听说她们是来募捐的，就满脸愁容。一家老小靠丰先生一个人的薪水养活，入不敷出，口袋常常是空空如也。学生们的突然到来，让他措手不及，临时去哪里找钱来捐呢？丰先生犹豫再三，才对同学们说出了实情，这时他兜里没钱。但又不忍心让同学们空手离开，就让同学们等一会儿，画几张画拿去街上卖。没想到，不一会儿工夫，丰先生就画了八张画交给同学们，大家喜出望外，丰先生也露出了笑容。后来，同学们把这事向组织者汇报后，把画拿到丁字口卖了钱，当成了丰子恺的捐款。

还有一个大家比较熟悉的故事，就是邮递员王树本向丰子恺先生讨画的故事。据当年经常给丰先生送信的王树本自己回忆：“1941 年春，我鼓起勇气开了口，话刚说完，我就自悔冒失。想不到丰先生却满口答应说：过几天给你。的确没过几天，丰先生就给我画了一幅，还写了一幅字。这两幅字画我十分珍爱。因为它反映了丰先生不论贵贱、不较地位的高尚品德，使我第一次感到我的人格受到尊重，因而将他的字画保存得特别好。”

而据当年与丰先生多有往来的遵义文化人王质平撰文回忆：“先师是有求必应有问必答，小心周到，循循善诱，谦逊而平易近人的一位学者。在遵义期间，作为一个年青小子的我，每次到他的寓楼，他都要亲自迎送，上下楼梯之间还亲切地招呼，怕碰着头。”

丰子恺先生和遵义普通百姓之间的那种情缘，也是一种文脉的延续，就是丰子恺先生那么一种丰厚的文化底蕴融入遵义的地域文化当中来。丰先生与遵义文化人同游子午山，并出版《子午山纪游册》，给遵义的历史文化留下了一笔财富，也为几年以后张其昀主编的《遵义新志》对沙滩文化做了一个界定和阐述，奠定了一个丰厚的基础。“各美其美，美人之美，美美与共”，所以丰子恺以他自身的艺术和人格魅力，在遵义留下一段佳话，这是对历史文化的延续和丰富。

我们说遵义有“一座名城，两个长征”的美誉。一个是红军长征，另一个是文军长征。1986年1月28日，时任全国人大常委会委员长的彭真视察浙大，了解到了浙大师生西迁的这么一段筚路蓝缕、艰苦卓绝的经历以后，他就说“红军长征是武军长征，浙大西迁是文军长征，都是历史上的创举”。毛泽东曾把红军长征称作宣言书、宣传队和播种机。浙大师生的文军长征同样是宣言书、宣传队和播种机，他们发表的宣言就是中国的文化人不做亡国奴，他们宣传的是科学文化教育，他们播下的是科学文化的种子。红军长征是救亡，挽救中华民族的危亡；文军长征是图存，保存中华民族的文脉。竺可桢校长一直倡导并且身体力行的求是精神，已经融入了遵道行义、自强不息的遵义城市精神里面去，这是遵义的宝贵精神财富。作为浙大的教师，丰子恺也很好地践行了求是精神。包括丰子恺在内的7000名浙大师生的文军长征，特别是他们在遵义的奋斗历史和精神，同样是我们遵义人的红色基因。今天我们用心去回望丰子恺在遵义执教浙大的这段历史，发掘和展示相关的资料和故事，就是希望把这种精神传承下去。

2020年6月17日，当陆昌友从媒体获悉：由国家天文台提出将小行星1998VV35命名为“丰子恺星”的申请，于6月3日获得国际小行星命名委员会批准。陆昌友不禁感言：“八十年前，丰子恺先生‘艺术逃难’，寓居遵义，执教浙大。‘时见疏星渡河汉’，将湘江河畔的住宅命名为‘星汉楼’，为今天的‘丰子恺星’埋下浓墨重彩的伏笔。天意乎？缘分乎？”

柳燕随春归。陆昌友老师在热切期待丰子恺遵义执教八十周年纪念展相关活动的到来，热切期待在遵义掀起一股浓浓的丰子恺热。同时也热切期待并在积极呼吁，湘江河畔、狮子桥头能重现“星汉楼”，成为遵义历史文化的新地标，与天上的“丰子恺星”遥相辉映，璀璨夺目。

2020 年 7 月

永远做外公家的孩子

——宋菲君谈外公丰子恺

出生于1942年的宋菲君，是丰子恺孙辈中最大的，也是和丰子恺相处最久的。出生之时恰逢清明，丰子恺便为他取名“菲君”，意即“芳菲之君”，他对这位大外孙寄予厚望。

宋菲君的降临，给逃难途中的丰子恺一家带来了无限的欢乐。而外孙的一颦一笑、一举一动都成为了丰子恺的画题——《菲君弥月画像》《菲君初次种痘》《菲君吃饼》……从这些画就可以看出丰子恺对孩子不加掩饰的爱。

宋菲君也没辜负外公对他的厚望。北京大学物理系毕业后，一直从事光学研究，并长期担任上市公司大恒科技的副总裁兼总工程师，被聘为中国科学院研究员、博士生导师，美国光学工程学会的高级专家会员。

宋菲君从小和外公一起生活，并跟着外公学画画，后来又跟着小姨丰一吟学画。2018 年 11 月 9 日，在丰子恺先生诞辰 120 周年之际，宋菲君精心挑选 120 幅仿丰画，和丰一吟一起在桐乡共同举办“高山仰止，赓续绵绵——丰一吟宋菲君书画联展”，深受好评。

9 日下午，我在石门缘缘堂初识宋菲君，他身着黑色短风衣，教授风度，儒雅谦和。他欣然答应我的请求，在“寻缘”长卷上题写：“盛年不重来，一日难再晨。及时当勉励，岁月不待人。”他说：“这是外公给我的寄语，点亮了我的人生道路，我永远铭记在心。”

2019 年 2 月 23 日上午，我趁出差北京之机，赶去宋菲君教授家，在书香满溢的书房里，开启访谈，聆听宋教授印象中外公丰子恺的逸闻趣事，以及浓浓的亲情爱意。

因为逃难，有了我

我是在抗战时期逃难路上出生的。

1938 年，外公亲自设计的故乡居所缘缘堂毁于日军炮火，外公扶老携幼踏上了漫长而艰辛的逃难之路。

一路辗转跋涉。1938 年 6 月，一家人逃到桂林。次年 4 月，外公又转至宜山，西迁的浙江大学请外公去做艺术指导。后来，日本军队在北部湾登陆，浙大从宜山迁往贵州遵义湄潭，外公再次走上逃难之路。

到遵义后，外公觉得孩子们学习受到影响，他从浙大请了两位家教，其中一位就是我父亲宋慕法，教物理和英语，他和我母亲丰林先（后改名为丰宛音）恋爱，并在湄潭结婚，举行了一个结婚仪式。结婚证书和婚礼嘉宾签到帖是外公亲笔写的，还有很多亲朋好友参加并签名见证，有 74 位，可谓是高朋满座。

《菲君像》（丰子恺作）

一年以后，也即1942年，清明时节，我出生在遵义。外公又从浙江大学转到了重庆中央美术学院任教务长、教授，我们也跟着去了，在山城一起待了三年多。

据我母亲说，外公平时不善理财，家中也无积蓄，逃难路上所需的盘缠钱都没有。最后是孩子们拿出自己每年的压岁钱，凑在一起勉强上路。当然，外公还有自己的办法，每当钱花完了，就地开一个画展，筹集一些路费。有一次，一家人逃到广西河池时，车子不来，被困在当地，着急却无计可施。正巧有一位加油站的赵先生偶然看到外公为旅馆老板题写的一副祝寿对联，墨迹未干，便主动上楼访问。了解到一家人的难处，赵先生慷慨说："先生运道太好，明天正好有一辆运油的车子开都匀，如今我让先生先走，途中只说是我眷属是了。"这天晚上，赵先生便拿一卷纸来，要外公作画。外公事后感叹："为了交换一辆汽车，我不得不在疲劳忧伤之余，在昏昏灯火之下，用恶劣的纸笔作画。这在艺术上是一件最苦痛，最不合理的事！但我当晚勉力执行了。"后来，外公的浙大同事张其昀先生，见面讲起此事曾幽默地说："听说你这次逃难很是'艺术的'？"

这次逃难确实是一次了不起的"全家旅行"。外公后来还专门写了一篇文章《艺术的逃难》。他在文章中说："极细微的一个'缘'，例如晒对联，可以左右你的命运，操纵你的生死。而这些'缘'，都是天造地设，全非人力所能把握的。……所以，我说，我的逃难，与其说是'艺术的'，不如说是'宗教的'。"

1946年7月，在抗战胜利后近一年时，外公带着我们恋恋不舍地离开了重庆。9月下旬，"胜利还乡"。先住在杭州，后来又转到上海。我在上海读了小学、中学，高中毕业后考上北京大学，从此一直在北京学习、工作和生活。

外公的“课儿”，寓教于乐

陈星先生曾问过我：你外公平时有空跟你们说话吗？意思是说，丰先生创作了那么多作品，平时还有时间跟你们说话？

外公在家里是普通的一个人，慈爱的一个人。我们一去，就跟我们说话。平时还和好多朋友来往。他的作品多，只能归结为一个原因：他的效率太高。

外公异常喜欢孩子，珍视儿童的“天真无邪”，他认真而兴奋地描摹儿童日常生活中那些耐人寻味的平凡琐事，称他们为“全部身心公开的人”。我母亲曾回忆说，外公对年幼的孩子照顾得无微不至，他曾作的漫画《兼母的父》就是自己的写照，他还经常与孩子们一起搭积木，“乘火车”，教他们唱儿歌。他写道：“他们笑了，我觉得比我自己笑还开心；他们哭了，我觉得比我自己哭还伤心……由于这种爱和亲近，我才常常体会了孩子们的心理，发现了一个和成人的世界完全不同的儿童世界。”

对孩子的爱和理解，成就了最好的家庭教育。外公的家庭教育是很特殊的，他家教有个习惯，叫“课儿”。所有的孩子，包括他的孩子及第三代的我，都要学两门课，一门是英语，学他翻译的《初恋》、背林肯的《独立宣言》等等；还有一门是中国古典文学，外公的古代文学功底非常厚重，孩子们都要跟着他学。原来我手里有一本外公在逃难路上根据记忆的手抄诗词选，我舅舅、姨及我母亲等，传着念这本手抄本，我母亲也拿这本手抄本教我。原先一直在我手上的，很可惜，后来却怎么也找不到了。

一般，我是周六到外公家里，外公教我二十到三十首诗词，下次去要背出来。大家一定觉得学诗词比较枯燥，其实不枯燥的。外公有一套教学方法，他是边写边画，比如讲到《长恨歌》中“六军不发无奈何，宛转蛾眉马前死”，他就讲陈鸿《长恨歌传》里“出咸阳，道次马嵬亭。六军徘徊，持戟不进”。外公就形象地画出来：御林军拿了兵器站在那儿，边上停着一顶轿子。这张画一直印在我脑海里，直到现在。

又如外公讲到杜甫的《咏怀古迹》：“群山万壑赴荆门，生长明妃尚有村。一去紫台连朔漠，独留青冢向黄昏。画图省识春风面，环佩空归月夜魂。千载琵琶作胡语，分明怨恨曲中论。”外公解释说，写“群山万壑”不说千山万壑，这是拟人化，好像很多亲人、很多朋友来送她。外公随手画了山，我怎么看都好像是人，还画了一个女孩子飘飘然回来。

这些画可惜我都没留下来。外公这种又讲故事又画画的讲课方式，寓教于乐，让我印象非常深刻。

游中有学，学中有游

外公还经常带我们出去旅游，到南京、苏州、无锡，杭州去过好多次，还去庐山等地。

旅游也不光去玩玩而已。我上小学五年级时，外公带全家去南京旅游。外公要我们每个人说说有关南京的诗词。我人小学得少，只会背刘禹锡的《乌衣巷》，舅舅、姨他们背得多。大舅说，写南京最好的是刘禹锡的《西塞山怀古》，这是诗人触景生情，抚今追昔，感叹历史兴亡。外公说：“如今南京多好啊！”大家一边玩，一边背诗讨论，游中有学，学中有游。

有一次，外公教我苏曼殊的诗，讲他是亦僧亦俗，既是高僧，又是造诣极高的文学家。外公讲到诗句：“春雨楼头尺八箫，何时归看浙江潮？芒鞋破钵无人识，踏过樱花第几桥。”就问：“浙江大潮什么时候来啊？”在边上的家人听到后说：“就下个礼拜，八月十八大潮来了。”外公即说：“全家看潮去！”

看潮那天不是周末，我到学校去请假。我读的是上海复兴中学，管得紧，一般不让学生请假。我把请假条交上去，班主任看请假条，写的是我要和外公去看潮，上交到校长手里，校长就说：“丰子恺让请假，我们就开先例，破例同意请假，别人一律不允许！”

那天我跟了外公、外婆等，包了一辆出租车到海宁去看潮。潮水来之前，钱塘江江水还浅，好多人在江水里打鱼，外公说：“这些人是弄潮儿！”又给我们念李益诗：“嫁得瞿塘贾，朝朝误妾期。早知潮有信，嫁与弄潮儿。”

还有一次到庐山去，外公给我念《江行望匡庐》：“咫尺愁风雨，匡庐不可登。只疑云雾窟，犹有六朝僧。”一边游览，一边解读。外公这种即景生情的生动教学，让我记一辈子。

外公是艺术家，他的旅游是随性的。讲到姜夔《扬州慢》：“二十四桥仍在，波心荡、冷月无声。念桥边红药，年年知为谁生？”外公就带我们去扬州寻二十四桥。外公走到一处，就给我们讲这个地方的诗词，并连带着学了很多其他诗词。我现在还记得很多，终身受益。

行为第一，学问第二

中国古来就有家教的传统。古代的许多名人名家，哪一个不是有很好的家教背景。外公自己有很好的家庭背景，我们也有幸生在这样的家庭里。

家教当然很重要。外公是非常慈祥的，对孩子是爱的，从来不打骂，批评也很少。但有一次对我是例外。

我在复兴中学上初一时，正淘气，班主任也年轻，我不好好念书，还跟班主任淘气。那时，品德有个评分，一般孩子都是5分，我才拿了4分，如果是3分就要退学了。外公知道了，给我写了一封很长的信，这封信我至今还珍藏着。

这封信里的外公，我好像不认识了。我从来没见过外公如此严厉。信里有句话："行为第一，学问第二。"他说，你学问再好，操守不好，道德品质不好，你将来是无用之人。如果你念书差一点，行为好，道德品质好，你将来也会为社会作出贡献。

这封严厉的信，让我好长时间不敢上外公家去。过了一段时间，实在忍不住了，我妈带我去了，我低着头进去。外公说："菲君改了就好啦！"一句话，让我放下心来，外公又变成原来的外公了。

丰家的家教，在道德上有底线，你不能越过这个底线。"行为第一，学问第二。"这句话，我记了一辈子，也照做了一辈子。

《兼母的父》（丰子恺作）

外公的另一件事对我后来工作上产生了很大的影响。外公教我《后汉书·班超列传》时，讲到“大丈夫无他志略，犹当效傅介子、张骞立功异域，以取封侯，安能久事笔研间乎？”解释说，班超不安于抄抄写写，大胆带36人开拓丝绸之路立了大功。

外公教我学诗词学英语，也教我行为规范，教我做人做事。

一个永远解不开的谜

外公教育孩子有一点很重要，就是从来不替孩子设计人生道路。现在有的家长很为孩子操心，替孩子规划求学和人生道路。外公不是不管孩子，他会细心观察孩子，你喜欢什么、擅长什么，他跟你敞开谈，然后引导你、帮助你。

我兴趣很多，初二时曾写了封信给外公说：除了跟外公学诗词英语外，还想跟您学画画。外公回信我说：菲君你要学画画，我一定教你。后来，我就跟着外公学画画、学写生，曾多次跟着外公到杭州去写生。一直到高二，学到素描。有一次，外公坐在那，我用素描笔法画外公，那张画题目就叫《外公》。外公看后对我舅舅说：“新枚你看，菲君这张画得可以啦！”

你有什么特长，外公就给你搭什么平台。我小姨喜欢唱戏、唱京剧，唱戏需要有人拉二胡，外公就培养我拉胡琴。我也喜欢，但自己学学停停，拉得不好。外公就专门请了梅兰芳的京二胡琴师倪秋平先生教我，我跟倪先生学了半年多京二胡。一直到现在，北大京剧团演出时，我还担任伴奏。

我也喜欢天文，上高一时，就和同学一起做了个天文望远镜，尽管很简陋，但原理是对的，能看到木星四颗伽利略卫星，看到土星的光环，看到月亮上的环形山。我很高兴告诉了外公。第二天，一张画就出来了，题写：“自制望远镜，天空望火星。仔细看清楚，他年去旅行。”外公把这幅画送给我，还给我写了一个条幅：“盛年不重来，一日难再晨。及时当勉励，岁月不待人。”

我记得很清楚，高三时要文理分科，我纠结得很。既喜欢画画想考中央美院、上海美院，又喜欢文学想考北大中文系，数理也不错。那天，我去找外公，外公就在日月楼上，他拿了一杯茶，一面来回踱步，一面吟诵一首温庭筠的诗：“谁解乘舟寻范蠡，五湖烟水独忘机。”他说：“菲君，你有什么苦恼？”我说：“外公，我好苦恼。明天文理分科就要报名了，我又喜欢这个，又喜欢那个，也不知道念什么好。”外公不假思索回答：“我们这个大家庭的人，有学文学的，学外语的，学音乐的，而数理化都学得好的就你一个，only one，我的意思，你不如考北大物理系。物理不好学，但有志者事竟成。”

外公这么一讲，我的天平很快就倾斜了，第二天就报名理科班。高三毕业后，我如愿以偿被北大物理系录取。学到第五年分专业，我被分到光学系。毕业后就搞光学，一直搞到现在。我搞了一辈子光学，2015 年退休后，科学院又聘我回去当客座研究员。

我回忆 50 多年的业务生涯，重要的起点是我做天文望远镜，外公专门给我画画和写条幅，给我极大鼓励。还有一个重要节点，是我选择志愿时，外公鼓励我去考北大物理系。

后来我想，外公当时心里一定也在考虑，这个外孙会的东西很多，业余爱好也不少。外公是大画家，他怎么不要我跟着他去学画，而要我去学物理呢？外公一定深思熟虑，根据他作为艺术大师的观察，将来这个孩子搞科技一定比画画更有成就。

如果当时我不去问外公，他不会说。你去问了，他就告诉你他的想法。他对孩子的培养，一是他自己教，家里有学习氛围；二是你喜欢什么，他就给你搭平台、创造条件，而且是最好的条件；还有，不替你设计人生的道路，如果你问，就告诉你最该走的道路。在我身上，这些方法显然是成功的。

其实，直到今天，我仍然还有些疑惑，外公为什么例外地为我选择了专业？这对我，已是一个永远解不开的谜了。

丰子恺没有画错

《人散后，一钩新月天如水》是外公发表的第一幅作品，几个茶杯，一卷帘笼，一弯新月，诗意尽在不言中。郑振铎看后感慨："虽然是疏朗的几道笔痕，我的情思却被他带到一个诗的仙境，我的心上感到一种说不出的美感。"

我讲点这幅画背后的故事。当时，也有人说，画是画得好，只可惜新月方向画反了。有一次，我去国家天文台作报告，有位副台长也是院士，他说："宋菲君，我们经过研究，你外公画中弯月的方向是对的。"我当即问道："你们怎么看？"他说："你外公跟人家晚上喝酒聊天，时间长了，结束时已是后半夜。后半夜升起来的月亮就是这个样子的。不仅你外公画的新月是后半夜升起来的，谢无逸《千秋岁·咏夏景》里讲的新月也是

《一钩新月天如水》（丰子恺作）

后半夜的，没错的。”

他还对我说：“你外公是艺术大师，他对事物的观察是正确的、细致的。”他们还翻出另一张画《今夜故人来不来，叫人立尽梧桐影》，画中月亮也是这么弯的。是否可以理解，男孩子约会女孩子，女孩子晚来两三个小时，如果男孩子走了，就没戏了。你要耐心苦苦等我，你心里有我，我来得再晚，可能已是凌晨。升起来的月亮就是这个方向。天文学家拿这张画来佐证，丰子恺没有画错。

为此，我也发过文章，外公画新月的方向没有错。当时有人讲，丰子恺是艺术家，不是科学家，意境画得好，科学上有点问题不要紧。如今科学家研究证实，科学上也没问题。

外公对生活观察很仔细，作画力求准确严谨。这是外公一贯的态度。我的母亲还给我们讲过外公平日作画的不少趣事。外公喜欢从日常生活中捕捉素材，抗战前在故乡石门时，外公曾画过一个人牵着两只羊，每只羊的颈上都系着一根绳子，画好了挂在墙上，正好被家里挑水的农民看到了，他笑着说：“牵羊的时候，不论几只，只要用一根绳系着带头的那一只，其余的就都跟上来了。”外公听了恍然大悟，感慨道：“看来要画好画，不能光凭想象，必须仔细观察事物，还应多向各种各样的人请教。”有一次为了画一幅背纤图，外公特地跑到河边去观察，发现来往货船走在最前面的纤夫大多是倒着走的，通过了解才知道，倒走能掌握航船动向，可以随时通知其他的纤夫改变纤法，外公根据观察便画出了这幅背纤图。

我们家里人都知道，外公总是随身带一本自制速写本，简单而实用，旁边可以插一支铅笔，藏一小块橡皮。利用这个速写本，他把日常捕捉到的可以入画的每一个镜头都速写下来。外公对自己的速写本视若宝贝，本不离身，有一次家中李妈不当心，把他的衣服带本子都浸到洗衣盆里，正要去洗，他发现速写本不见了，十分着急，立刻发动全家人去找。李妈寻到了，忙喊："小书在这里！"从此"小书"成了速写本的代名词，大家对它也就更当心了。外公的这个习惯一直保存到晚年，一抽屉都是他的速写本，可惜经过"文革"大多不见踪影，唯一留下的一本"小书"珍藏在我这里，现在我也把它当作珍宝。

美术馆办展，从没接待过那么多科学家

国内喜欢丰子恺画的人很多，去年举办的五场纪念丰子恺诞辰120周年展览，盛况空前。

在中国美术馆举办的"漫画人间——丰子恺的艺术世界"展览，我们全家去了好几次。我两个女儿、大外孙都是搞音乐的，二女儿是北京天使童声合唱团团长，展览开幕式上，天使童声合唱团演唱李叔同作词的《送别》，感染很多人，影响特别好。北京共有8万多人观展，平均每天7000人。我在现场讲解，人多得挤都挤不进。里头既有白发苍苍的老人，推着轮椅过来的，还有很多是70后、80后、90后、00后，甚至十多岁的小孩。

我想，一个艺术家，他的作品得到这么多人的喜爱和欣赏，不能不说是一个巨大的成就。外公一直坚持艺术是大众的。二十世纪三四十年代，子恺漫画就名满天下，妇孺皆知。现在还是有那么多人喜欢，尽管这些喜欢子恺漫画的人离外公那个

年代已很远，但热情不减。

10月25日开展当天，有4位院士，几十位物理方面的科学家、教授，前去中国美术馆观展。馆长对我说："我们美术馆办的展览，从来没接待过那么多科学家。"我说："这个中原因，是因为他的画大家都欣赏，大家都喜欢。"

大家都喜欢"小中能见大，弦外有余音"的子恺漫画，寥寥数笔，栩栩如生，看似平常，却在平常中蕴含着不平常。朱光潜说："子恺漫画极家常，就像他的人一样，其实里面有很多可想象的东西。"北京展览期间，有位观众说："我每天都来看一次，丰子恺的画，第一是看，第二是读，第三是想。"

纪念丰子恺诞辰120周年系列展览，北京观展人数超8万人，上海观展人数3万多人，杭州观展人数更高达13万人。这是大家对他的纪念，也是大家对他的肯定。

外公取得的艺术成就，不随时代变化而变化，一直到现在大家都这么喜爱，说明他的艺术既有高度，又有广度，有广大的群众性。

"缘远流长"，既要有缘，还要有流

我从小就跟外公学画画，一直学到素描，打下画画的基础。在北大求学时，功课忙得不得了，根本没时间干别的事情。"文革"结束后，外公已去世，小姨跟我讲："你看弟弟妹妹中，外公教过你画画，你又拿得起毛笔来，是否继续学学外公的画？"

后来，我画了些画给小姨看，她说："画得不错。你是打算逢场作戏，还是真的想学外公的画？"我说："我是真的。

我重新捡起来，十年磨一剑，把仿丰画学好。”她说：“如果这样的话，你作个计划，过一段时间到我这里来一次，我教你怎么学。”

从此，我坚持学习仿丰画。到上海出差时，多待一天两天，小姨毫无保留教我如何更好仿外公写字画画。后来，和小姨在新加坡一起办过展览。去年11月又在桐乡一起举办展览。外公诞辰120周年，我精心画了120幅仿丰画展出，以此纪念和缅怀敬爱的外公。

这些年，我画的很多仿丰画，被博物馆、图书馆要走了，也送很多朋友，特别不少外国朋友，大概有四成左右的画是送给外国朋友的，法国、英国、美国、以色列等等。当然，我们的仿丰画，跟外公比，看着有点像，但真的水平还相差很远，何止十万八千里呢！

这些年，我经常去展览现场、电视台和单位作报告，接受媒体采访，在传承和弘扬丰子恺艺术和文化方面做了力所能及的事。去年，外公诞辰120周年，相关纪念活动达到高峰。外公的艺术得到大家喜爱，与他的艺术高度有关，也与他的后代对他的传承起了一定作用。“缘远流长”，既要有缘，还要有流。特别是一吟阿姨倾注心血，组织很多研究活动，收集大量研究资料，撰写、编辑大量书籍，以及创作大量仿丰画，她功不可没。

也有人曾评论，我们自己也有感觉，丰家的后人，大家没有什么矛盾，相处很好。也曾听说过有的名家后人为遗产起争执，为利益有纠纷。我们从来没有过，从来没有为丰子恺的画给谁多了给谁少了而闹矛盾。大家齐心协力，和睦相处，共同商量，都乐意着做点事情。

去年以来办的一系列展览活动，我的表弟表妹，大家都积极出力。上海本来没有安排展览，经过大家的共同努力，今年年初，在上海举办了“海上丰采——丰子恺艺术特展”，是个圆满的大结局。

还有，值得欣慰的是，外公在上海的旧居日月楼，政府有关部门也在进一步筹划，努力想办法收回一楼场地。这一直是个遗憾，我们也期待着日月楼能尽早全面开放，供大家参观。

外公家乡桐乡在保护名人故居、弘扬名人文化方面做得很好。桐乡的文化氛围很浓，是全国少有的。桐乡老百姓学习书画、收藏艺术蔚然成风，政府对名人、对文化的保护和弘扬不遗余力。桐乡，文化名人辈出，源远流长。

2019 年 3 月

一生就是一支笔

——宋雪君谈外公丰子恺

2019年5月16日上午，“不畏浮云遮望眼——丰子恺的浙大情与温州缘”展览，在浙江大学紫金港校区基础图书馆开幕，丰子恺先生后人、浙大西迁二代、浙大师生等百余人参加了这场特别的聚会。

展览共有59件展品，包括丰子恺原作14件、复制品12件、出版物9件、丰子恺师友书画作品等24件。展览呈现一个丰富、直观的历史切片，将祖辈先贤临危不惧、砥砺奋进的意志及其求是精神予以传承和发扬。其中，一幅丰子恺的漫画《不畏浮云遮望眼》特别引人注目，画中人单枪匹马，高立山巅，无惧横亘在眼前的困难艰险，充分抒发着抗战时期中华民族的气概。

趁丰子恺外孙宋雪君先生来浙大参加活动之际，5月15日晚上，我约他作了访谈。

浙大为“吾之乡学”

1938 年 12 月，外公收到马一浮的专信，老朋友郑晓沧托马一浮转达浙大校长竺可桢诚意聘请外公担任浙大艺术指导的邀请。1939 年 1 月，外公决定前往应聘。从 1939 年到 1942 年，外公扶老携幼艰难而行，跟随浙大西迁，先后执教于广西宜山和贵州遵义。今年正好是浙大西迁办学史上，外公执教浙大 80 周年。

外公有幸与浙大结缘，他称浙大为“吾之乡学”。一路上，外公用笔记录下浙大西迁的艰难历程。他曾在日记里记载了《扫荡报》报道的浙大遭轰炸的情况。外公还在《教师日记》中记有这样的细节，有一次见竺可桢校长送殡，穿了黄色制服的裤子，臀部有两个大如手掌的破洞。从而感叹：“竺校长之节俭，俭以养廉，廉以励节。廉俭与节，今日中国之对症良药也。”

我想，竺可桢校长不是没有钱，而是把钱都用在教育上了。这点滴之中，映射出竺校长带头共克时艰的精神。而在那个特殊的年代、特殊的环境，浙大师生士气高涨，不畏艰难刻苦教学，努力报效祖国，凝聚成奋发向上的浙大西迁精神，外公身在其中，深受鼓舞。

外公主要为浙大师生讲授艺术教育和艺术欣赏等课程，很受欢迎，各个学院的学生争相来听课。有一次，外公听说很多学生是逃课来听，在课上他建议学生们大可不必为之，并连发五问：“不知彼等何为而来？为好奇乎？为艺术乎？为教育乎？亦另有所为乎？”

外公努力创新艺术教育，深入浅出地为学生讲透视法、漫画等艺术技法，提出“艺术教育之主旨，在温柔敦厚”。外公言传身教，他自己就是一个有“艺术心”的教师，一个温柔谦和的人。

在浙大，外公还不忘为学生们加油鼓劲。他为学生们作演讲，期望浙大学生努力保住中国灵魂，以提倡物质文明及发扬固有之精神文明为己任，这才不愧为一个堂堂的中国大学生。

在浙大期间，外公还创作了大量的抗战漫画。他创作散文《生机》，认为“人间的事，只要生机不灭，即使重遭天灾人祸，暂被阻抑，终有抬头的日子。个人的事如此，家庭的事如此，国家、民族的事也如此”。鼓励学生们眺望光明，等待抗战胜利。

一纸婚书托起满满“温”情

外公跟温州的缘分很深，他的老师弘一大师在温州生活了十二年，大师把温州称为“第二故乡”。外公也与郑振铎、王国松、李瑜、白正国、苏步青、马公愚、张光、方介堪等众多温州文化人都是好友。而最让外公感到亲近的温州人，就是我的父亲宋慕法。

我父亲1916年出生于温州平阳（现苍南县）金乡。1937年，他从温州中学高中毕业后随即考入浙江大学理学院生物学系。正值抗日战争爆发，父亲随浙江大学西迁龙泉，再迁贵州遵义。

外公跟随浙大西迁到遵义后，我父亲和同学周宗汉曾慕名上门拜访。外公觉得一路逃难，孩子们学习受到影响，他聘请了两位家教，其中一位就是我父亲宋慕法，给次女丰林先和幼女丰一吟补习功课。父亲将同乡金乡人陈志超先生介绍给丰子

《生机》（丰子恺作）

恺认识，丰一吟阿姨回忆说，这位陈志超先生见多识广，能说会道，很快成为丰家的座上客。他不仅帮助丰子恺在遵义租好房子，还促成了宋慕法与丰林先一段美满姻缘。

1940年10月，父亲从浙江大学毕业，留校当助教，还兼职于中国蚕桑研究所，离我外公当时寓居的南坛巷星汉楼不远，在丰家做家庭教师，经常出入丰家。在频繁的交往中，父亲和我母亲丰林先互相爱慕，开始恋爱。

外公丰子恺对青年才俊宋慕法是非常满意的，不仅用心教他学习日文，还曾专门画过我父亲宋慕法与我母亲丰林先相会的事。

后经陈志超夫妇介绍，我父母亲谈婚论嫁，外公亲自张罗起两人的婚事。1941年9月7日下午4时起，在遵义城的成都川菜馆里，举行了一场别开生面的婚礼。后来，我父母亲随外公又去了重庆生活。抗战胜利后，再随外公一起回到了上海。从此，我父母亲一直在上海工作和生活。当时父母亲都是教师，收入微薄，生活艰苦。外公听闻我母亲待产，立刻汇款，然而款尚未汇出，我已经出生，外公给我取名“雪君”。

我父亲18岁考上了浙江大学离家后，自此再也没有回到家乡，成了他一辈子的遗憾。我也从未回过祖地。年过七旬，我也曾想到温州、金乡看看。但是我担心，现在到金乡会举目无亲，被当作远道来客。

2018年10月10日，在浙江美术馆举办丰子恺诞辰120周年纪念展之际，我与衍园美术馆馆长沈国林先生偶然相遇，并有缘相识，促成了我的温州之行，促成了外公为我父母亲手书的结婚证书和嘉宾签名帖77年后能在父亲的家乡展出的机会。

2019年12月29日，“春风到我庐——纪念丰子恺诞辰120周年师友书画展”在温州衍园美术馆开幕，我和丰家后代多人赶去温州参加，有幸与郑振铎、朱自清、马孟容、王国松等名家后代及各地文化人士70余人相聚一堂，共享文化盛事。这个展览被丰子恺漫画展的策划人王一竹命名为“2018第六展”。与前面展览不同的是，所有展品都是衍园美术馆、温州博物馆以及其他私人提供的，而且每件都是真迹。温州有我们先祖这么多真迹，完全出乎我们意料。

温州聚会上，我们带来了与这些名家相关的丰子恺漫画，各位名家后人手持漫画合影并细述陈年往事，例如郑振铎将丰子恺所画的《人散后，一钩新月天如水》发表到《文学周刊》，从此中国出现了“子恺漫画”；在春晖中学的校务会议上，丰子恺为朱自清写生，这幅画连朱自清嫡孙朱小涛先生也没有看到过，被小涛先生笑称为老一辈大师们“相互调侃，亲密无间”的写照。后代因前辈的交往而将温州行化作友谊的延续，真是一段佳话。

第二天，我们还共同参观了马孟容、马公愚展览馆，郑振铎展览馆，朱自清旧居。值得一提的是，在每一个馆内，都可以看到其他几位的故事，你中有我，我中有他，水乳交融，不分彼此。

有此因缘在先，我怀揣乡情，于2019年1月1日踏上了金乡寻亲之路。完全出乎我的意料，我受到了超过想像的热情接待，镇领导几乎都到场，亲属们通过相互转告，从本地及温州、

《雪君初到西湖》（丰子恺作）

上海来了十几位。我们一见如故，尽叙家常，不胜感叹。还带我到丰乐亭、卫前大街、卫城文化客厅等地参观。亲友众多，年龄相仿，辈分虽有别，但所喜亲热无间，心意相通。我还遇到了父母当年的婚姻介绍人陈志超夫妇的三位后人。深感如今的金乡早已蜕变，再不复当年父亲宋慕法所形容的“挑着扁担来做客”的景象。

当天晚上，我应邀参加溪头书院举办的“丰子恺的漫画人生”讲座。书院远离城镇，有点偏僻，加上天冷，我曾担心听众会不多。谁知担心完全多余，整个书院座无虚席，其中有不少儿童和老人。大家认真倾听丰子恺的故事，对丰子恺的“人生就是三层楼”理论印象尤为深刻。在与大家互动交流中，我深感金乡人博学、善思而又谦和有礼，不愧是自古“少贵族而多乡绅”之地。

这次寻根之旅，我深切地感受到家乡深厚的文化底蕴和对文化建设的重视。美好的时光总是稍纵即逝，短短四天温州行很快临近尾声，我与亲友们依依惜别，踏上了归程。

77年前，外公用一纸婚书，为我们描画设计了一个在温州的盛大聚会。水墨秀字，穿过近八十年的岁月，轻轻落在粉色的纸面上，托起了满满的“温”情！

最幸福的是到外公家去

我于1948年2月出生在上海。外公曾画过一幅漫画：一个还在襁褓中的婴儿，戴着尖尖的帽子。画上题写着“雪君初到西湖，1948年5月”。这幅画可以说是我的一张百日照，但它不是照相馆拍的，而是外公为我画的。

我从小在上海生活和成长。可惜“文革”那段时间，我们不在外公身边。如果那段时间也像以前一样在外公身边的话，我们向外公学到的东西要多得多。那段时间，我下放农村，并被要求划清界线，很遗憾在外公晚年，没有和外公在一起，没有直接接受外公的教育。外公去世时，我27岁。

我接受外公的教育，是在我的童年时代。童年最幸福的时候，不是在学校里，不是在夏令营，不是跟小朋友玩，而是到外公家去。

一年之间最开心的事情，是到了过年时候，外公家里人很多，日月楼一、二、三楼都住人，甚至连橱柜也拉开来住人。那个时候大家的经济条件不太好，外公经济条件比较好，家里有好多好吃的。

当然，我们最喜欢的还是外公给我们买书，外公家里有个小书架，一直在更新。我让外公买了许多我喜欢的连环画。外公家连厕所里都放着书，其中有一本是《抗战后胜利前各报奇闻》，里面许多奇奇怪怪的事情，外公有心剪下来，订成了剪贴本，供大家翻阅。

我们大家都守着一个规矩，上午绝对不到二楼去找他，下午外公睡午觉，我们也不去打扰。最开心的是到下午4时左右，外公吃早夜饭，开始慢慢喝黄酒，下酒菜有豆腐干、笋干、熏豆、毛豆等，样样好吃。外公喝酒时，会微摇着头发出“嗯嗯嗯嗯”的声音，其实他心里在念诗，他曾说，诗可以过酒的。

外公念诗跟别人不一样。别人是背诗、读诗，外公是唱诗，而且用桐乡石门话唱的。唱比念容易记得住，记得多。

我的女儿没有见过我外公，但是我妈妈喜欢给孙女讲故事、背古诗，背古诗都用桐乡话来背。有一次，在我女儿学校上海市三女中，语文老师问：“白居易的《长恨歌》谁会背出来？”没人响应，我女儿说：“我背得出来，但我不会用普通话背。”她就用桐乡话背起来，大家听不懂，都笑得前仰后翻。

我现在还能用桐乡话从头到尾背出《长恨歌》来，不用桐乡话却背不出来。这是外公趣味教学的一个好方法。学诗记诗要唱，每首诗都可以唱，且用桐乡石门话唱。所以，外公的教育从来不枯燥，有趣味、好玩，让我们在不知不觉、潜移默化中学习。我舅舅丰新枚能背几千首诗，他们写信还写了不少接龙诗、藏头诗。丰子恺弟子潘文彦说，我也能背很多诗，但在他们面前，我是满头大汗，背不过他们的。

这么多年过去了，我依然能梦到小时候在外公家里玩耍的情景，外公在书房画画，我们在外屋玩耍，有时候球滚到了书房里，外公会笑着帮我们捡起来，那慈祥和蔼的样子，至今难忘。

在外公家，开心的事情实在太多、太多。

外公留下的最大财富是做人的准则

外公是一个很全面的人，研究他越深，发现好东西越多。这些年我临摹外公书画，也经常在想，为什么外公漫画里人和物的姿势画得那么好，这是因为他善于写生。有个故事，外公曾看到一个老人五官比例有些特殊，就用铅笔在他面前比画，老人说：“我没有掉铅笔呢。”还有一次看到一个卖花生米的人，外公觉得这个人也比较特别，盯着看了半天，那个人说：“你是不是要买花生米？”外公不好意思，只好买了包花生米。

丰子恺漫画看起来简单，但其实有他各方面深厚的功底。外公曾写过一篇文章，讲到他画画与小时候家里开设染坊店有关，让他有条件随意涂涂画画。但他给青年学生讲课时说，你们不要走我这条路，这是一条歪路。你们学画画必须学好三门基础课：素描、写生、色彩。

在画画上外公深受李叔同影响。丰子恺师从李叔同，接受正规的绘画和音乐教育。外公是李叔同在浙一师里重点培养的学生，他在艺术上的进步，老师都能注意到。有一天晚上，担任年级长的丰子恺到李叔同房间去汇报学习情况，当汇报完要退出房间时，李叔同叫住了他，并用很轻而严肃的声音和气地对他说：“你的图画进步快！我在南京和杭州两处教课，没有见过像你这样进步快速的人。”

对此，外公在《为青年说弘一法师》一文中还写道：“当晚这几句话，便确定了我的一生。可惜我不记得年月日时，又不相信算命。如果记得，而又迷信算命先生的话，算起命来，这一晚一定是一生中一个重要关口，因为从这晚起，我打定主意，专门学画，把一生奉献给艺术，直到现在没有变志。”

外公曾画过一幅漫画《南辕北辙，在此一脚》，画意是火车扳道工用脚一踩，轨道变化，决定火车到南方还是北方去了。而李叔同那晚跟他的谈话，也是他人生的一个转折点，促使外公走上一条艺术人生之路。

我学了很长时间的仿丰画，觉得最难画的其实不是人，而是杨柳。画杨柳，一条线垂下来，不能断，又要细。还有，不仅是一条线，所有的线基本同一方向垂下来，但又有些不一样，这个布局和线条的功夫是很深的。我画了好多年杨柳，都觉得不满意。外公画杨柳，画得最好的是《KISS》，画中两根长长的杨柳垂下来又不相交，画好它，是很难的。有个丰子恺的电视专题片，记录了丰子恺画杨柳的场面，走笔运势，潇洒自如，功底尽显。真是台上一分钟，台下十年功。

丰子恺的东西，越研究发现的东西越多。我们这辈子会研究到底。但是真正要做好，必须钻进去。丰一吟阿姨研究丰子恺，做了一件很好的事情，专门摘选了丰子恺的语录，取名《丰子恺话平生》，并进行了分类。我学的专业是数据库，杨朝婴学的是艺术档案管理，我们结合起来，就是要把丰子恺的东西做成一个艺术数据库。现在只做了一部分，还得继续做。做好了这个事情，对研究和弘扬丰子恺都会有很大的帮助。我们做这个工作，虽然艰苦，但觉得很有意义，也很有趣味。可能我们做不完，希望后面的人继续做。

外公丰子恺留给我们的最大财富，不是漫画和文章，而是做人的准则，认认真真做人的准则。

抗战时期，外公带着一家老小逃难。1937 年，杨子耘妈妈 17 岁，我的妈妈 16 岁，中学读了一点点。最小的丰一吟才 9 岁，刚刚进小学。后面很多很多东西都是外公自己教的。丰子恺 7 个子女，3 个当教师，3 个做出版，1 个发明专利，他们始终记着父亲教给他们的“人来到这个世界，不仅仅是为了吃饭”这句箴言。7 个孩子从未放松过在学术上的追求，都是很厉害的，而且外语都很好。

《归来报明主，恢复旧神州》（丰子恺作）

外公从来没有捆绑教育、棍棒教育，外公教育小孩，第一是做人，第二是培养兴趣学知识，第三是淡泊名利。

1989年，宋雪君曾赴日本留学钻研电子技术，回国后任教于上海工程技术大学计算机系，算是国内较早的“IT人”。后来，他担任上海工程技术大学信息办主任，从事信息管理方面的工作。2008年2月退休后，他与杨子耘、杨朝婴等一起，接过了家族中丰子恺研究、资料整理的部分重担，并发挥他的技术特长，继续为完善丰子恺数据库默默出力奉献。

日月楼对外开放期间，宋雪君积极参与轮流值班，热情接待各地参观者。宋雪君和他哥哥宋菲君一样，在外公离世后，受到丰一吟阿姨的鞭策和指导，开始学习丰子恺书画，深得外公书画神髓。2017年11月，专门在石门缘缘堂举办了宋雪君仿丰体书画展览，并以《续缘书画，旧棲人家》为题结集出刊。

这些年，宋雪君经常应邀到各地参加纪念丰子恺活动和展览，举办专题讲座、报告已不下百场，生动讲述外公丰子恺的艺术成就、人生故事和文化精神，深受欢迎和好评。在丰家后人中，讲丰子恺最多的是宋雪君，难怪有人说宋雪君是丰家的“新闻发言人”。

但凡丰子恺后人都有一个共性，他们都刻意淡化着先辈的名声在自己生活中留下的印记，总是规避着名人后代这个头衔。宋雪君同样如此，为人低调、谦和。这是丰家的血液中、家风里传承下来的品质。

2019年7月

我们的幸运

——杨朝婴、杨子耘谈外公丰子恺

说起外婆家和外公丰子恺，杨子耘和他的姐姐杨朝婴一样，满怀无限美好的回忆和怀念，满怀无限深情的崇敬和感恩。

趁杨朝婴和杨子耘来杭州参加“不畏浮云遮望眼——丰子恺的浙大情与温州缘”展览活动之际，2019 年 5 月 15 日晚上，我赶去他们下榻的酒店作了访谈。

杨朝婴：虽然都知道外公是大家，但是作为丰家的孩子们并没有优越感，只是感觉非常幸运。一般我不对陌生人提起我的外公，我有位同事直到我退休后才知道，他大吃一惊。

我妈妈丰陈宝是外公的长女，出生于 1920 年，1945 年毕业于重庆中央大学外文系，后来从事中学英语教学。1949 年后主要做翻译和编辑工作，先后翻译出版了 18 部文学、音乐著作，

《世上如侬有几人》（丰子恺作）

1993年被聘为上海文史研究馆馆员。外公有幅漫画《阿宝赤膊》，那位有点害羞又可爱的小姑娘就是我妈妈。

我妈妈在学问上精益求精，但在物质生活上没要求。我妈妈走出去，看不出她是一个知识分子的，不讲究穿，不讲究吃，做人很低调，包括我们也是这样的。我妈妈跑出去，人家以为她不识字的，问她你会写字吗？我妈慢慢回答："会写的。"丰一吟后来听后开玩笑说："你问他，写法语，还是英语？"

外公丰子恺留给我们的最大财富，不是漫画和文章，而是做人，认认真真做人。我妈妈和阿姨、舅舅他们，同样是认真做人做事，留给我们很深的印象。那时，收集外公的资料，大量的工作是要一篇一篇地抄写，如《教师日记》，我也抄写过，有些字写得潦草了，我妈妈一个一个纠正过来。

外公是一个极其认真、正直的人。外公很重家教，在家庭教育中常把传承下来的家训、家规等作为教材。外公自幼在他父亲处读到《崔子玉座右铭》，就十分喜爱，很快就能背诵下来："无道人之短，无说己之长。施人慎勿念，受施慎勿忘。世誉不足慕，唯仁为纪纲。隐心而后动，谤议庸何伤？"并以此要求我妈妈她们都背诵下来，而且作为一种家风传承下来。外公身教重于言教，要求孩子们做到的，他先做到。

外公的认真、正直，也体现在他的书画和文章中。外公的书法很有特色，虽然看他撇来撇去，但总有一个重心的。

外公是一个富有内涵、修养的人。外公的画看似简单，但弦外有余音，很耐看。外公文章里说过，画花鸟、画山水，尽管画得很好，但也到此为止了。而漫画呢，画家在后面还会表达一层意思，题目往往是点睛之笔。外公一生心境平和、淡泊名利，所以写得出好文章，画得出好画。我同学老是说，你外公怎么什么都知道，而且当时的想法到现在仍然适用，还有就是很接地气。

我喜欢外公的画和文章，不过，最喜欢的还是那些画我自己的。我刚刚出生时，外公为我画了幅《朝婴堕地八小时后画像》，我以前用过的名片中，使用的就是这幅画。

外公很喜欢孩子们，经常记录下与孩子相处的点滴，满满的童真童趣。他画《阿宝两只脚，凳子四只脚》，那位赤脚给圆凳穿鞋子的小姑娘就是我妈妈丰陈宝。他写《送阿宝出黄金时代》，道出了外公喜欢儿童的原因。还有一篇《作父亲》，写出对童心的赞赏。“在这一片天真烂漫光明正大的春景中，向哪里容藏这样教导孩子的一个父亲呢？”我能背诵出外公许多文章里的话。

平时，外公好像从不关心我们的学习，不问考试几分，他很喜欢和我们一起唱歌，自己编歌曲，做成个小本子，大家传唱，可惜本子翻烂了，后来不知道丢到了哪里。我至今都记得，一只毛茸茸的小熊玩具，要价6元，大家都很喜欢，外公出手大方，每人都给买一个，孩子们开心极了。

能有丰子恺这样一位外公，真是我们的幸运。

杨子耘：的确，我对外婆家的记忆，是一种挥之不去的美好记忆。外公是儿童崇拜者，在他的随笔和漫画中，处处赞扬儿童。在日常生活中，对我们这些小孩儿更是宠爱有加。外婆

1962 年，杨朝婴、杨子耘在日月楼看外公作画

家的日月楼是我们玩乐的天堂，我们在日月楼的底楼再怎么疯玩，也从来不会遭到呵斥。

外婆家里养了一只小猫叫阿咪，我们经常和它做游戏。阿咪对我更是亲密无间。有时我住在外婆家，阿咪便硬要卧在我的枕头上，推也推不掉。冬天我到外婆家去，怕冷的阿咪就钻进我的大衣里取暖。阿咪功夫很好，任我怎么走动，它总能赖在大衣里不出来。记得有一次，我们一起出门到淮海路逛逛，正好碰到路边有个称体重的，母亲便让我们称称，我一称重了不少，我说阿咪的分量也算进去了，这时大家才发现阿咪还赖在我的大衣里呢！

那些年，我们六七个学生，几乎每个星期天都去外婆家。每年寒暑假，我们也大都住在外婆家，有玩有吃，快乐无比。年三十晚上更是热闹和开心。大人小孩一起做各种游戏，如猜谜、唱戏、朗诵、唱歌等等。最激动的还是互送“除夜福物”，而人人都想抽到外公的“除夜福物”，因为每年外公准备的都是最好最特别的。记得有一年，外公用报纸包装了一个特大的礼物，大家摸着猜不出是什么。最后打开一看，竟然是一把扫帚，我们一个个都笑弯了腰。

外公喜欢我们，我们也喜欢外公。

喜欢外公的人很多。

在民国时，外公丰子恺就是一个受人喜欢的作家，一个受人喜欢的画家，到现在依然是。

最早的时候，阿姨丰一吟和我们几个人一起开了“艺林”，曾经做过一个调研，谁喜欢丰子恺？当时我们定位于中老年人

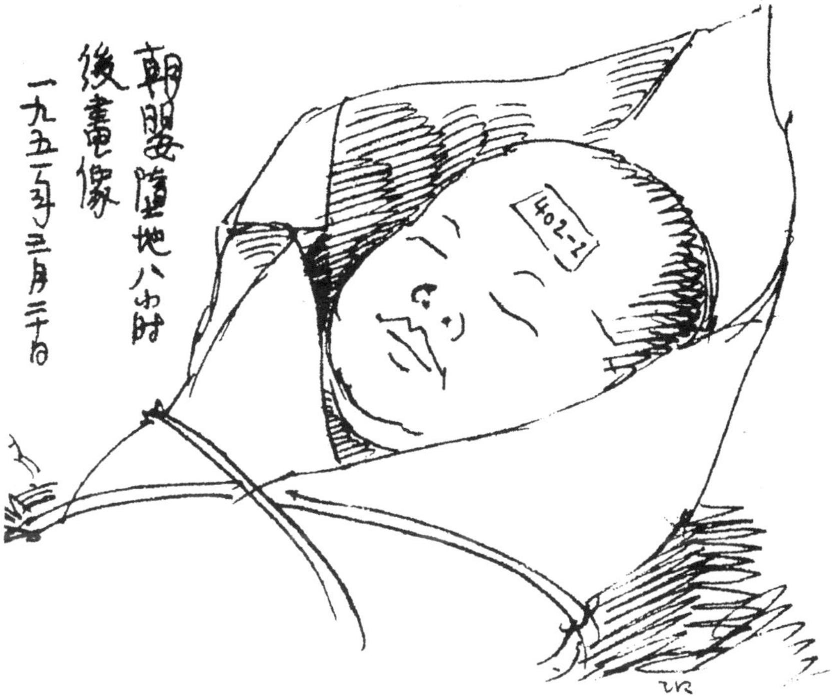

《朝婴堕地八小时》（丰子恺作）

和东南亚人。艺林公司开出来后，结果出乎我们意料，喜欢丰子恺的人，各个年龄层次都有，年轻人也不少。有一件事让我印象很深，我们单位有一位北大研究生，在一次选题会上，他报了一大串有关丰子恺的出版选题，会上有人跟他说，丰子恺外孙就在我们单位，就在楼下办公呢！会还没结束，这位年轻人就跑下来找到我，我问他你为什么喜欢丰子恺，他说，不仅是我喜欢，我们几个寝室的同学都是“丰迷”。

也不仅是东南亚人喜欢丰子恺。日月楼开放出来以后，有世界各地的人来参观。有一次，有个外国团来，导游是法国人，团员有南非、美国、澳大利亚等国的，都说喜欢丰子恺。

“士先器识，而后文艺”，这是丰子恺的文艺观，也是他老师李叔同所倡导的，他们都真正做到了。有人曾跟我说过，现在有多少人在吃丰子恺饭，但真正有多少人做到了“先器识，而后文艺”。有些人做人的基本品德都没有，你再画得好、写得好，又有什么用？人做不好，你的作品再好，人家就是不喜欢。

我们看过丰子恺很多手稿，发现一个问题，他写文章不是先打草稿再誊写，而是一气呵成，写得不好的地方涂掉，他会涂得很仔细，满格涂掉。他说，这样给人家方便。当然，也是给自己方便。这就是认真。

外公的故事很多。前几个月，上海搞过克勒门沙龙活动，很成功，很好玩的。我们前期一遍又一遍地看内容，提炼出很多故事，比如不圆之圆、不直之直、不正之正的故事。外公的一个学生叫陶元庆，给鲁迅先生画封面的，第一个封面是画《苦闷的象征》。外公画的封面很简单，陶先生画的是一个抽象的裸女，鲁迅很喜欢，又叫他画，第二个封面是画《彷徨》，画了一个很大的太阳，似乎砸下来，一个人站着，反映彷徨的心态。这个圆是随手画的，画得不圆。有人提出批评："陶元庆你连圆都画不圆，还帮鲁迅设计封面。"陶元庆来告诉丰先生："有的人既然以为我连两脚圆规都不会用，其实我要画圆很简单，会画得很圆。"丰先生说："我也是一样碰到这些事情，请人印制缘缘堂画笺，店里师傅说画笺边上线条不直，我可以帮你刻得很直很好。"丰先生说："你千万不要给我刻直，刻直了我就不要了。"

我也很喜欢看外公的画和文章。外公的漫画，寥寥几笔，或率真自然，或意味悠远。你看《跌一交（跤）且坐坐》那幅，心态太好了；《世上如侬有几人》，很能体现出外公的性格。相较彩色漫画，其实早期的那些黑白漫画更棒。丰子恺的散文，兼有平易纯朴之风、宽仁隽永之意和童真天然之趣。我很喜欢看富有哲理的四篇：《渐》《大账簿》《家》《？？》，怎么看都看不厌。另外，也很喜欢《湖畔夜饮》。如果论起整本书来，还是《缘缘堂随笔》最佳。外公真的是名副其实的著作等身。有一次，因为要邮寄五十卷《丰子恺全集》，我特意称了下分量，两箱一共 52 公斤。

2013 年，中宣部、中央文明办决定采用外公丰子恺的 137 幅漫画作公益广告，我们授权免费使用，是我代表丰家去北京签约授权的。外公有幅漫画《听诊》，一位大夫很是忧虑地将听诊器放在地球仪上，现在成为中国梦的公益广告——"地球只有一个"。这些公益广告很受大家喜欢，产生了很好的作用，我们很欣慰。我想如果外公活着，也会这样做的。

这些年来，杨朝婴和杨子耘姐弟同行，经常参加各地的丰子恺纪念活动，非常随和、低调，乐此不疲地讲述外公的故事。姐弟俩跑得最多的便是桐乡和杭州，这是外公的故乡和第二故乡，他们同样很喜欢。

2018 年 11 月 8 日，杨朝婴、杨子耘和丰家众多后人汇聚桐乡，参加纪念丰子恺诞辰 120 周年系列活动。杨朝婴为长卷题写："士先器识，而后文艺。"姐弟共同签名留念。杨朝婴说："这是外公的艺术观，他真正做到了。"

其实，杨朝婴、杨子耘和众多丰家后人，也都一直在默默传承和践行这样的理念。正如杨朝婴早在 2006 年写的文章《外公丰子恺魂归故里》中所说：

> 回头再看看外公的一生，他的朴实正直、淡泊名利实在令人敬佩和景仰。丰家的后代很少有做生意或做官的，读书人居多，而且大多心境平和。他们在求知和做学问方面锲而不舍，而对物质生活则知足常乐。虽然这年头老实人往往吃亏，可丰家的后代们仍然按照外公的轨迹走下去，一直走下去……

2019 年 12 月

天于我，相当厚

——崔东明谈外公丰子恺和妈妈丰一吟

1945 年 7 月，丰子恺在成都写过一首诗《寄一吟》。诗曰：

最小偏怜胜谢娘，丹青歌舞学成双。
手描金碧和渲淡，心在西皮和二黄。
刻意学成梅博士，投胎愿作马连良。
藤床笑倚初开口，不是苏三即四郎。

此诗中，丰子恺不仅对小女儿丰一吟擅画能戏的才能感到欣慰，同时表达了丰先生对幼女偏爱的情感。

丰一吟在她著的《我的爸爸丰子恺》一书中说道：“虽然爸爸和姐姐哥哥们有说有笑，但在我看来，爸爸永远是严肃的，而且，爸爸是属于姐姐哥哥他们的。多子女家庭的孩子，可能或多或少体会过这种滋味。爸爸在物质上对我们没有偏爱，但在父爱上就很难说他公平了。”

其实，这是丰一吟的童年感受。丰一吟长大后，一直在爸爸身边。在丰子恺的七位子女中，作为小女儿的丰一吟，陪伴爸爸的时间最多，在艺术、翻译等方面深受爸爸的感染和教诲最多，而她对爸爸艺术和精神的研究与传承也是最多的。

很多人说，丰一吟像她的父亲丰子恺。而丰一吟在1987年儿童节写的一篇文章《我不像父亲》中曾写道：

> 正如明川所说，父亲是喜欢悠悠然的。他之所以性急，正是为了早些顺利地摆脱紧张的局面，以求达到悠悠然的境界。……父亲这样做，是为了追求生活的悠情，是为了追求他所喜爱的饮酒吟诗、倚杖观景的情味。
>
> 而我呢？我却永远是那么性急，那么匆匆忙忙，被紧张的生活束缚住，不能自拔，不能超脱。
>
> 明川说对了，我不像父亲！

在丰一吟女儿崔东明看来，虽说妈妈性急不像她的父亲，但她做人做事又确实很像她的父亲，总是那么认真和勤奋，那么乐观和心善。

2020年11月21日，崔东明来桐乡参加“‘丰子恺星’命名仪式暨‘教惟以爱’丰子恺家庭教育展”。晚上，我赶去她下榻的桐乡新世纪大酒店作了访谈。

东明半岁（丰子恺作）

崔东明：我从小对日月楼里的一副对联印象很深。曾经听外公讲过，以前我们住在上海的“四马路”（福州路），后来他用了六根金条，把陕西南路长乐村的西班牙式阳房39弄93号的整幢（一至三楼）从前房客董太太手里给顶了下来。1966年“文革”开始后，房管所勒令我们让出一楼，日月楼就只剩下二楼和三楼。从我有记忆起，就住在上海长乐村的39弄93号，外公在二楼的内阳台上睡觉，他常常坐在床上给我讲故事，在外公身后的墙上，就是那副有名的对联“星河界里星河转，日月楼中日月长”。我记得小时候把“界”当成“累”，把“楼”读作了“广”，家里人还常常笑我呢！

1975年8月，外公生病了，右肘不灵活，每晚还伴有低烧。先到大华医院，后来转到了华山医院一透视才发现，肿瘤已经有拳头那么大且转移到左脑了，所以右臂才会不灵活。到了9月，外公病情恶化，记得那天我到医院，看到外公躺在观察室的病床上，脸上盖了块白手帕，妈妈示意我过去和外公告别。后来我曾不止一次听妈妈说过，就在她们准备把外公送医院时，不知道是动作幅度大了还是什么原因，“日月楼中日月长”这一联从上面掉了下来。

1978年，在文化局的协调下，我们搬离了陕西南路39弄93号，离开了日月楼。我们搬到了漕溪北路，妈妈在家里挂了外公的像，旁边又挂了这副对联。睹物思人，外公总是经常出现在我的脑海中。这是一辈子的记忆和思念。

外公有一颗可爱的童心，无论是妈妈她们小时候，还是我们小时候，都是外公画画的对象和源泉。而到孩子们长大了，他就不再画了。他这一辈子，最喜欢画的就是儿童。外公跟我们小孩在一起也是很开心的，孩子们玩乐的很多场景，成了外公最有趣的漫画题材。

我对外公最深的印象是他给我讲故事。记得每天一放学，我就跑到外公所住的内阳台上听故事。那个时候没有图画书，外公总是耐心给我讲各种故事，还一边讲一边在练习本上画给我看，从不认字一直画到我上小学，竟然一共画了17本练习册！这些故事里有民间传说、有儿歌、也有谜语，当然更有外公的散文里“艺术的逃难”那一段的场景。印象很深的有埃及的狮身人面像、林冲雪夜上山等。也画了很多谜语让我猜。有很多是用桐乡话写的儿歌、顺口溜。后来我才知道，给我讲故事的日子里，外公每天5点就起床，在费心费力地画《护生画集》的最后一集。如今，每当翻看这一本本练习册，总让我想起坐在外公身边听故事的温暖场景，这是一份沉甸甸的爱。

我外婆的脾气很好，是贤妻良母型的传统妇女，一心打理家务。外公那时老是说她是“四四落局”，就是她喜欢里外张罗，家里客人来，都是她去张罗接待。这样，外公不用操心，腾出更多的时间去画画写作。外婆很会张罗一大家子的吃和穿，特别是逢年过节，外婆最忙。外婆会做各种糕点，做定胜糕是她的拿手好戏。外婆自己也喜欢吃甜食，糯米做的甜食。外公倒是不太喜欢吃甜食。

妈妈丰一吟是丰家最小的女儿。在很多人看来，妈妈也是名人。可在我看来，她就是一个普通、平常的母亲，和大多数人一样，她也有喜怒哀乐，也会一天天老去。

我妈妈早在1943年就在重庆的国立艺专学习美术，她当时学的是应用美术。1948年她在杭州毕业后没有走美术之路，而是跟外公自学俄语，曾在人民文学出版社上海分社编译所、上海译文出版社、上海社科院文学所外国文学研究室等单位，从事了三十年的翻译工作，翻译有《我的同时代人的故事》等。还帮外公一起翻译《源氏物语》。1995年被聘为上海文史研究馆馆员。

直到外公去世和“文化大革命”结束后，新加坡广洽法师知道妈妈学过美术，就叫我妈妈临摹父画，以满足不少丰迷和“子恺漫画”渴求者的愿望。广洽法师是外公丰子恺在新加坡的方外之交，妈妈也很尊敬他。在我生孩子的第二天，妈妈就去了泉州陪洽师，还曾陪他去过敦煌、五台山等地。妈妈尊洽师之命，重新拿起画笔，凭着她早年的美术基础和对外公画风的熟悉，不用多时，画笔由生转熟，所摹漫画广受欢迎，妈妈也总是有求必应。但她从不惑于某些鉴赏者的过誉，为了不使后人对自己的摹品与父画难于分辨，也防有些人伪充父画真迹，妈妈除了题明“丰一吟画”外，还专门请人刻了方“仿先父遗墨”印盖上。

妈妈深知人生有限，精力有限，觉得自己还有比画画写字更重要的事情要做。她尽可能控制和压缩画画写字的时间，把主要的精力都投到了整理外公资料、编辑外公文集画集、撰写回忆录、为海内外丰子恺研究者提供资料等事务上。她花了很多时间来做外公的事情。

我妈妈做事很认真。譬如她整理和研究外公的资料，考证

崔东明和外公外婆合影

得很仔细，每件事情都很认真。20世纪90年代，大姨妈丰陈宝和妈妈姐妹俩下决心编一套《丰子恺文集》，那时的编辑工作是很困难很辛苦的，正如妈妈在她的文章里说的：“为了一篇文章，可以追索到天涯海角，真是所谓‘升天入地求之遍’。在复印有困难时，我们就动手抄，字字句句认真校核。”我妈妈还有个习惯，坚持用卡片抄录、记录外公的资料，日积月累，集了满满的两大抽屉，总共有两万多张卡片，还有60本剪报集。如今，我们已把它捐给桐乡档案馆了。

妈妈一直有记日记的好习惯，几十年来坚持把每天的事细细记下来，这些都成了她晚年写书的第一手资料。1975年外公病重住院，妈妈日夜看护，她发起记录了《病中日记》，方便交接人了解外公每天病情的变化和吃药的情况。妈妈也把这本《病中日记》保存了下来。

很让我感动和佩服的是，妈妈70多岁时下决心学电脑，不厌其烦地跟我表哥雪君和表姐朝婴学习电脑操作和拼音打字。学会后，开始用电脑写文章。那本20多万字的《我和爸爸丰子恺》，就是妈妈自己一个字一个字打字写成的。妈妈还将她从20世纪80年代开始手写的日记全部输入到电脑中。后来，妈妈还学会了使用电子邮件，收发邮件又成了她每天必不可少的工作。

我对妈妈最深的印象，就是一个字：勤！总觉得她有做不完的事情，一件事情做完了，又忙着做另一件事情，一直都挺忙的。尤其到她的晚年，好像要做的事情更多。每天匆匆吃完饭，就坐到她的工作台前，连跟我们讲话的时间也很少。记得有一次，她眼睛做了白内障手术，只能躺或坐在床上听听收音机，而手头一大堆工作不能做了，她心急如焚。

妈妈陆续写了《潇洒风神——我的父亲丰子恺》《我和爸爸丰子恺》《天于我，相当厚：丰子恺女儿的自述》等，和我大姨妈一起编辑出版了《丰子恺文集》《丰子恺漫画全集》等。妈妈曾在2008年出版的《我和爸爸丰子恺》和2014年出版的《爸爸丰子恺》两书序言中写道：

> 我曾说过：写完了《潇洒风神》，编好了爸爸的文集（其实几乎是全集），再编好了他的漫画全集，好比三块大石头从我身上落了下来，让我松了一口气。后来却又来了三块大石头。这第一块《我和爸爸丰子恺》已经落地，但是文（全）集和漫画全集都已收到了不少新资料，应该再作补充。以前与我“并肩作战”的大姐早已声称要退出“战场”，只能当我的顾问了。幸而余下的两块石头不算很大，因为毕竟已出版过，有了基础，而不是从无到有。我年事已高，可以慢慢做。做爸爸的事，我义不容辞，鞠躬尽瘁，死而后已。

妈妈信奉佛教，心怀慈悲。1999年开始，妈妈为香港友人严宽祜所创办的香港福慧慈善基金会在上海主持会务，热心从事慈善事业，常常用自己画作义卖所得捐作慈善，帮助很多偏远山区有困难的人。在助学帮困中认识了贵州的陆宗煜，一直个人出资帮助他完成大学学业，不断去信关心鼓励他注意身体健康、好好学习，不厌其烦地给他批改点评作文和书画作业。还长途跋涉专程到贵州，去看望得伤寒病住院的宗煜，鼓励他战胜病魔早日康复。后来又为宗煜的工作、事业操心帮忙，使他在事业和艺术方面都有了大的提升。宗煜对我妈妈很感恩，他说：“丰一吟是我的恩师。她对我的恩情，就像慈母一样关爱我，无微不至；她对我的教导，从做人到钻研艺术，无所不包。”其实，妈妈帮助过的人有很多，但她从不宣传，也很少跟人讲起这些事情。

无论是外公，还是我妈妈，都很重视家教、家风的传承。外公要每个子女背诵《崔子玉座右铭》。我妈妈自己背得很熟练的，还喜欢书写《崔子玉座右铭》送给后辈和好友。

从小妈妈教我要做一个诚实的人。记得我在奉贤五七干校幼儿园上学时，供应并不富裕。有一天，妈妈给我的早餐是一个果酱馒头和一个花生馒头，我把果酱馒头吃掉了，把花生馒头丢在门缝里，被妈妈劳动回来后发现了。妈妈问我吃完没有，我回答说全吃了。结果穿帮了，我无话可说。我记得妈妈那天打了我，平时妈妈从来不打我的，大概这是唯一一次，这让我记忆深刻！从此我再也没有说过谎话。

我妈妈一直和外公外婆生活在一起。我妈妈的脾气很像外公。我妈妈和外公一样，待人宽厚。在待人接物上，外公不仅对朋友、同事宽厚，对工人和保姆同样宽厚，对待他们和家人一样。外公常对家里人说：“他们离开自己的亲人，牺牲自己的家庭生活，来为我们服务，怎么可以不把他们当作自家人呢？”听妈妈讲，1970年1月，在丰家一起生活了几十年的保姆何英娥突然中风过世，全家很伤心，像自家人一样为她在殡仪馆举

明眸善睐（1965 年 9 月 5 日东明半岁，丰子恺题字）

行告别仪式。我妈妈对保姆同样很宽厚，保姆朱阿姨已经在我们家做了30多年，完全成了我们家里人。

外公一辈子画了很多画。虽然妈妈和外公一直生活在一起，但妈妈从未想到要外公多画一些，更未料到外公竟会在动乱之年突然离世，妈妈保存的外公遗画少得简直叫人难以相信。1981年初冬，我妈妈陪广洽法师在北京与赵朴初居士相晤，闲谈中得知朴老极喜爱子恺漫画，但还无缘珍藏过子恺漫画，觉得很遗憾。事后，广洽法师嘱咐我妈妈："能否回上海后找一幅丰先生遗画寄赠朴老？"我妈妈当即答应。可回家后犯了难，竟然找不出一幅合适的画作送朴老。于是，妈妈找我商量，在外公画给我的几幅遗作中选了幅古诗新画《松间明月长如此》，寄赠给朴老，还附信说明是女儿小明所赠。

朴老收到赠画，很高兴，也很感动，专门赋诗一首："明月松间照，天伦物我均。抚兹一幅画，感君三代情。"将此诗附在复信中，对赠画深表感谢，并说借观三年后当原璧奉还。妈妈得朴老复信和诗后，也很高兴。1984年，妈妈又去函朴老，求其将诗写成条幅，朴老回信说：诗已写成斗方，一同裱于画下。并说三年将满，画正托人带沪璧还。不久，我们就收到了已装裱成轴的画幅，朴老还在题诗后又加了一段长跋。这件凝聚几代人情谊的书画珍品，妈妈格外珍惜，由我继续珍藏着。

20世纪80年代开始，有关外公的展览或纪念活动多起来，妈妈总是尽量去参加，也总是想办法多去看看外公的老朋友。妈妈八十岁以后到外面参加活动，我基本上都陪着妈妈一起去。我记得第一次陪妈妈参加活动，是去平湖参加李叔同的纪念活动。去得最多的是桐乡和杭州弘丰研究中心的活动。也曾陪妈妈去看望过牙医易昭雪，感谢他为外公拔牙、镶牙，顺便也让易老为妈妈检查治疗牙齿。我印象最深的是，易老亲手为我妈妈剥柚子，尽管年岁已高，但手劲依然很大。

外公外婆都是桐乡人，我们家里都说桐乡话，我的桐乡话就是跟外公外婆和我的妈妈学的。这是一份浓浓的乡情。外公在1939年写的《辞缘缘堂》里说："走了五省，经过大小百数十个码头，才知道我的故乡石门湾，真是一个好地方。"自从外公去世后，妈妈每年都至少回桐乡两次，一次回乡过春节，一次是清明扫墓。开始时她是自己一个人前去，也不知从什么时候起，变成我陪她回去了。今年5月11日，是母亲节，我又带了妈妈去桐乡。住了一个晚上，再到缘缘堂去看，那天妈妈挺"乖"的，不像平时会发点"脾气"，而是很平和、很亲切，感觉很熟悉、很喜欢这里。在石门吃饭时，妈妈还和大家一起唱起了歌，"长亭外，古道边……"，很投入、很动情。

妈妈回忆外公的文章很多，但写自己的很少。妈妈总是想着为外公、为别人做点事情，没想到要为自己做些事，也从没去计较级别、职称。在她的晚年，把主要的精力都投到了外公的事情上。熟悉妈妈的人都说她是"劳碌命"，其实，妈妈实在没有为自己"劳碌"过什么。

我妈妈把外公给她题写的一幅书法——陶渊明诗句"盛年不重来，一日难在晨，及时当勉励，岁月不待人"，裱挂在家里墙壁上，她把这个镜框看得很重，有一次我想用毛巾去擦一下，她都紧张地问我："你要干吗？"一直以来，妈妈以这四句诗作为座右铭，时时督促自己。这也是妈妈晚年生活工作的写照，用她自己的话说：“我为研究爸爸的生平和创作，从未浪费过一分钟。”

一直到2017年4月11日，妈妈到小区锻炼时摔了一跤，医院诊断为颅内出血，因为年龄关系我们采取了保守治疗。现在，妈妈老了，还得了阿尔茨海默病，总算能休息了。如今，妈妈每天听听李叔同歌曲、看看京剧，有时还会背唐诗宋词，真正过上了老年人应有的生活。妈妈不再是忙碌的妈妈，妈妈依然是可爱的妈妈、伟大的妈妈！

访谈结束，我请东明题字留念。她写下：“天于我，相当厚。”她说：“这是外公1944年抗战期间避居重庆时作的一首词中的句子，也被妈妈选为个人自选集的书名，妈妈曾以此为题写过一篇文章。”文中写道：

父亲在抗日战争期间，艰难困苦，颠沛流离，他尚且认为“天于我，相当厚”。而我，晚年欣逢改革开放，丰衣足食，而且身体健康，已经是“七十古来稀”的人了，还能做这么多工作。岂不是“天于我，相当厚”吗？还有什么不满足呢？！

2020年11月

爷爷把我重新唤醒

——丰羽谈爷爷丰子恺

“今天我们一起回家了，我们要常回家看看。缘缘堂是我们的家，我们的根在桐乡石门。”

这是2018年11月9日晚上，桐乡石门镇举办“丰子恺家属省亲会”，丰羽代表丰子恺家属致辞时令人动情的一句话。

这一天，是丰子恺先生诞辰120周年。丰一吟和众多丰先生后人、其他亲属60多人从各地汇聚桐乡，出席了当天上午举行的丰子恺先生诞辰120周年纪念大会。

“我自爱桐乡——丰子恺艺术省亲之旅”把丰子恺诞辰120周年纪念活动推向了高潮。从香港到杭州，从北京到桐乡，丰羽倾注很多心血，耗费了很多精力，也花费不少财力，精心筹划举办的丰子恺先生诞辰120周年纪念展览和活动，各有特色，场场精彩，其影响力和关注度，远远超出了预期和想象。

2018年10月10日，“此境风月好——丰子恺诞辰120周年回顾展”在西湖畔的浙江美术馆开幕。那天下午，我初识丰羽先生，说起杭州的展览，他颇为满意。在桐乡，我再次见到丰羽时，见缝插针，请他题字。他不假思索写下：“不求自身得安乐，但愿众生得离苦。”这是他对爷爷的理解和敬仰。

“爷爷最爱西湖。”2019年7月4日，趁丰羽来杭出差之际，我们在湖畔居作了访谈。雨中的西湖山水朦朦胧胧，丰羽对爷爷丰子恺的情思绵绵长长。

爷爷对家庭充满了爱

我的名字是爷爷取的。当时生下我时，我爸拿了七八个名字给爷爷去选，他就选中了“丰羽”这个名字。我估计，爷爷一是希望我羽翼丰满，展翅高飞；再则呢，成功要经历风风雨雨。我们家里第三代基本都是双名的，就我一个人是单名。我也没机会问过爷爷，但他肯定是有考虑的。

爷爷1975年去世时，我才6岁。爷爷给我的印象，是在1971年落实政策发还了一些资产后，他有了一些钱。那时，我感觉爷爷有钱，还可以坐上海牌小轿车，觉得他很厉害。爷爷还经常托人给我买巧克力。我长大后，从他给我爸爸的200多封书信里，看到每封信里都提到我名字。他与我爸的对话，超越了父子之间的对话。两个人都能背很多诗，他们的对话很有诗情画意。

小时候还有一个印象，爷爷坐在日月楼房间里喝黄酒，吃点螃蟹什么的，感觉爷爷很惬意，波澜不惊，很多事情他自己放在心里，不去影响家里人。爷爷是个对家庭充满爱的人，遇到事情总是自己默默扛着。二十世纪六七十年代那段特殊岁月里，爷爷也受到了牵连和折磨，接受批斗一站就是六七个小时，年轻人都难以忍受，何况他已经年近七旬了。但他很泰然，回到家就跟下班一样正常，衣服脏了、脸上有油墨，从来没有抱怨，更不会对家人发泄情绪。每当他回家，我奶奶就会烫上一壶黄酒。黄酒是他一辈子的朋友，在他人生的低谷、受到不公正待遇时，帮了他的大忙，给了他慰藉与平衡。

爷爷认为没有过不去的坎。这种乐观也深深地感染了丰家的后代。

爷爷喜欢我爸，也喜欢我妈。我的奶奶和我的姥姥是亲姐妹，我爸妈是亲上加亲的。我姥姥，也就是爷爷的小姨子，经常过来陪她喝喝酒、吃吃螃蟹。两家的感情，更多地体现在爱护我的身上。这个爱护，不是空口白牙地说，他给我爸的200多封信里都有体现。

这也是我的一个责任

爷爷是一个伟大的人。他的家境、家教、家风，都是我懂事后才体悟到的。去年是他诞辰120周年，我也发了一个宏愿，尽我所能，帮他做一些展览和宣传。其实，爷爷已经很出名，不用我帮他宣传，我只是借他的由头，把他的一些作品展览出来，让喜欢他的人看到他的真迹。在不同的城市做了六场展览，在这些活动上，我为他做了一些事情，对得起他之前对我的爱护。

这是我的一个想法。

做这些事情，花了我很多资源、时间和金钱，当然，我觉得都是值得的。相比他对我小时候的爱，我的付出是微薄的。这也是我的一个责任。他留给我父亲许多作品，我父亲去世后留给了我。我蒙受祖荫继承了他这么多有价值的艺术作品，只有我一个人看是一种损失，我有责任有义务定期地拿出来展览，回馈喜欢他的广大“丰迷”。

今年年初，在上海举办了“海上丰采——丰子恺艺术特展”，后来又举办了克勒门文化沙龙“一钩新月分外明——海上‘丰’采丰子恺”。在那次沙龙活动上，我专门拎了一只皮箱去，这是一只饱经风霜的旧皮箱，皮箱质量很好，当年专门用来藏爷爷的那批精品画作。这批精品画尺寸是不大的，以前有大尺寸的画，20世纪20年代画的，但是在抗战时期都毁坏了。这些是爷爷从逃难路上开始，一直到1948年他到杭州期间创作出来的一批画。他从每个题材里选出自己认为最好的留下来，要是有人跟他求画，他都会另外画，这批保留不动。这些画有一部分曾经保存在这个箱子里跨过半个中国，经历无数风险。“文革”中，箱子和画曾被抄家收走，后来被还回来，爷爷把这批画给了我父亲。我父亲没要其他东西，就拎了这只箱子走了，怕这些画再被抄走。

1976年唐山大地震，我和父母亲住在石家庄的一间小破屋，是一楼的小平房，进门就是床，我睡在最里面，母亲睡中间，父亲睡外面，把这只箱子放在窗口。地震过后，很多人还是不敢住房子，害怕余震。爸爸跟我说：“一旦有余震，我拎着皮

《小羽画像》（丰子恺作）

箱翻窗户出去，这批画很重要。”爸爸是要保护我爷爷的这批艺术作品。

缘缘堂重建时，爸爸把这只箱子捐给了缘缘堂，实物属于缘缘堂了，但故事都在。我受爸爸的精神感召，也要把这批作品保护好、传承好。我父亲对我影响也是很大的，父亲对我的教育是开放式的，他没有约定我将来要做什么，没有约定要我学理、学文还是学工，并要达到什么程度，他觉得你能做到什么就是什么，给我自由的选择。反过来，他用他自己的实际行动和能力来影响我。

我爸各种语言文字都很好，我问他一些问题，他都能对答如流，给我解释清楚，让我印象很深刻。通过这种方式，我有鞭策自己的动力，向他学习，并希望超越他。我也努力去学各种外语，英语学得也不错。他还辅导过我物理、化学等。爸爸古诗词功底也很好，据说会背3000多首诗词，爸爸跟我交流随时会念出一些唐诗宋词，无形中给我很大影响。

接下来，我想利用工作后积累下来的一些关系，在国际上多做一些事情，希望丰子恺能成为一张中国文化的名片。今年要在日本出书，明年要去印度，后年要去俄罗斯，还有新加坡、法国等都在联系中。接下来我想为他做的这些事情，核心是希望他的精神能传承下去，使他的艺术和文化能被更多人所认同，包括更多外国人。

爷爷是一种动力

去年在桐乡举行的丰子恺诞辰120周年纪念大会上，我曾提出了建设丰子恺艺术中心的建议，希望把丰子恺的代表作品在家乡展示、保存下来，也方便世界各地“丰迷”来桐乡参观交流。建设好家乡，为家乡做点事是丰家后人共同的想法。前几天，我又专门去了桐乡，和市领导商谈丰子恺艺术中心方案，已基本敲定，市领导希望加快建设。首先，我是桐乡人，虽然不出生在桐乡，但祖籍是桐乡，我也始终认同桐乡，别人问我是哪里人，我一直说是浙江桐乡的。家乡情是切不断的，这是根源。

其次，桐乡本身做得很好，特别是风雅桐乡做得成功。桐乡大街小巷都是丰子恺的画，丰子恺的字。作为家乡的名人，爷爷受到家乡人民的热爱。我觉得，如果有机会让爷爷的艺术回到家乡去，氛围是最好的，桐乡是独一无二的，是最适合的。

第三，除了文化氛围，桐乡本身的经济总量也是不错的，乌镇旅游和乌镇互联网大会，人流量和影响力都很大。在桐乡做艺术中心是有基础的。

第四，还有一个更重要的原因，桐乡现在的领导雷厉风行，执行力强，他们想做的数字桐乡、风雅桐乡都有这方面的规划。如果早十年，或者早几年，来谈艺术中心这个项目，我可能也没动这个心。晚十年，我可能已在别的地方做别的什么事情了。

所以，这是个因缘。去年，爷爷诞辰120周年，是个最大的因缘。促使我从去年年初开始，利用我所有的时间、资源去做各种展览活动。我还说服我夫人，因为这些活动需要资金推动，感谢我夫人的理解和支持。

爷爷诞辰120周年，冥冥之中把我重新唤醒。十年前，我花钱把日月楼二三层买下来后，就根本不管的，继续忙我自己的事情。但十年后，爷爷诞辰120周年之际，我比之前有更大的热情、投入更多的资源去做这些事情。如果说有谁在推动，那一定是爷爷。

另外，王一竹的帮助也是推动，她是一位理想的策展人。也要感谢丰家的第三代后人，大家团结合作，积极帮忙。更要感谢丰陈宝、丰一吟我的两位姑妈，她们花费30多年的精力，把丰子恺的所有事卡片化，并录像、扫描，建立一个完整的资料库，使我们可以便捷地查询资料。

这一切促成了丰子恺诞辰120周年活动取得成功。这些成功又促使我愿意花更多时间、精力，甚至专门去做这些事情。这些因果关系就是这样建立了。到今天，我要深深感谢爷爷，给了我这么好的条件与机会。

当年广洽法师捐赠护生画，遗憾没有把它留在桐乡。希望这种遗憾不再发生。我会尽心尽力把丰子恺艺术中心这件事做成做好。

2019年8月

后 记

丰子恺先生在1939年写的《辞缘缘堂》里说："走了五省，经过大小百数十个码头，才知道我的故乡石门湾，真是一个好地方。"

我也是土生土长的桐乡人，老家东田村离石门镇不足20里路。记得很多年前，我都是骑自行车沿着乡村小道到缘缘堂参观的。

世事皆缘。20世纪90年代初，刚大学毕业的我，在高校工作之余，阅读了同乡丰子恺的一些文章、书画。有缘的是，我办公室5位同事，其中就有一位桐乡老乡张乐初老师，他是60年代杭大中文专业毕业的，对丰子恺很了解，他反复鼓励我要多读丰子恺的书，鼓励我研究丰子恺。他为我介绍认识了在桐乡工艺美术公司工作的叶瑜荪先生。从此，我与叶先生书信往来不断，他热情地介绍研究、纪念丰子恺的相关情况，讲解新出的丰子恺书籍、文章，交流学习体会，从而使我对丰子恺有了更广泛而深入的认识与理解。

1992年5月，经叶瑜荪先生推荐，我应邀参加了在石门召开的

桐乡县丰子恺研究会成立大会合影（1992 年 5 月 3 日摄）

桐乡县丰子恺研究会成立大会，有幸与丰陈宝、丰一吟等丰先生后人，及胡治钧、潘文彦、沈定庵等丰先生学生、朋友和研究者认识。

当年8月，我调到了嘉兴工作，与叶瑜荪先生有了更多联系、见面的机会。后来，他兼任了桐乡丰子恺研究会会长，传递的信息更多。虽然，我没有走上丰子恺研究之路，但对丰子恺的关注、学习从未断过，特别是丰老的人生态度、品格和精神，深深地打动与影响着我，让我更平和、乐观地对待人生和工作，看淡世事无常，珍惜拥有的一切。

尤其是在2018年，丰子恺先生诞辰120周年之际，更燃起了我内心深处对丰子恺先生的那份崇拜与景仰。当我把多年已有的“寻缘”想法告诉叶瑜荪先生时，得到了他的肯定与支持，并给我推荐、联系了好多位访谈对象。

2018年10月28日，我赶去上海寻访丰一吟老师。年近九十高龄的丰老师，从轮椅上起身走到客厅与我聊天，浓浓的石门乡音，微笑中透着亲切、慈祥，她多次跟我说：“你是桐乡人啊，那就用桐乡话讲。”

我拿出随身带着的桐乡丰研会成立合影照和《丰子恺传》给丰老师看。她端详着照片，也许大部分人已认不出来，她就指着中间一位合影者说：“这是宝姐呢！”可见姐妹情深。而后，丰老师一页一页翻看有些泛黄的传记，特别是前面8页照片，她慢慢翻、细细看，点着照片给我解释，还指着第一幅照片《一九三六年的丰同裕染坊》问我：“你认得出我在哪里吗？”连问了两次，看我没答上来，她指着照片上最右边的一位小女孩说：“我在这里哦！”她注视照片良久，也许思绪回到了童年，回到了石门。

接着，丰老师女儿崔东明捧出一本厚重的画册，这是刚出版的纪念丰子恺诞辰120周年北京展览的图册，丰老师和我一起看。一组丰公画给小儿丰新枚的《恩狗画册》，引起了丰老师的关注，一幅幅充满儿童相、生活相的漫画上，有很多文字写的是石门方言，丰老师情不自禁，用她那浓郁的石门话大声读了起来："我唱山歌乱说多，蚌壳里摇船过太湖，太湖当中挑荠菜，洞庭山上拾田螺，拾的田螺笆斗大，放在小花篮里去望外婆，外婆坐在摇篮里汪汪哭，恩狗拍拍手去抱外婆。"……一幅一幅念来，很亲切、很流畅，弥漫着浓浓的乡音、乡情。

尽管丰老师兴致很高，但怕累着她，东明合上画册说："以后慢慢看。"随后，我便和丰老师讲起了自己的访谈心愿，并敬请丰老师开笔题字。丰老师用水笔在卷首中间签下名字：丰一吟。丰老师边写边说："写勿好呀！"我连声说："蛮好！谢谢！"

从此，我便开启了长长的"寻缘"访谈。找寻一位位与丰子恺有缘有情的人，倾听他们的故事、评说，感悟他们的追忆和怀念。从丰先生的第三代后人宋菲君、宋雪君、杨朝婴、杨子耘、丰羽和崔东明，到丰先生的学生、朋友潘文彦、沈定庵；从丰子恺师友的后人李莉娟、经遵义、姜书凯、郑源、朱显因、张慰军、陈胜吾、易卫平、马亦钊，到丰先生的研究、传播者陈星、鲍复兴、叶瑜荪、钟桂松、陆昌友、朱钰芳、王一竹等，每一次访谈和交流，都给了我真诚的鼓励和帮助，让我产生了深深的启迪和思索。这是一份情缘，更是一份力量，让我铭记在心，并不断累积起来。从中也生发了把访谈内容整理出来结集出版的念想，既是分享，也是纪念。历时多年的点滴积累，能有今天的阶段性成果，要真诚感谢他们一路的鼓

丰一吟读《恩狗画册》（2018 年 10 月 28 日摄）

励和支持！真诚感谢杨子耘等老师，为本书图片授权提供的支持和帮助，从而使本书增色很多。

特别是要感谢钟桂松先生的热情鼓励和指导，还帮助联系了出版事宜。钟先生指点取名《清凉明月——天上有个丰子恺》，我觉得很贴切。感谢李莉娟女士同意将她的题字用于封面。1931 年 9 月，李叔同在浙江慈溪创作了《清凉》《山色》等五首歌词，后来这五首歌曲被称为“清凉歌”。清凉的歌词，很深很远，让人回味无穷。其实，丰子恺和弘一大师以及众多师友，他们的传奇人生和深厚情缘，犹如清凉明月，无上清凉，月耀天心。20 多位受访者，以他们的亲身经历和独特视角，讲述他们与丰子恺的情缘故事、研究心得等，从不同角度展现丰子恺的艺术价值和人性光芒。正如 2020 年命名的“丰子恺星”，今天仰望丰子恺，依然光辉闪耀。

也要特别感谢宋菲君老师。他不仅多次接受我的访谈，还悉心为我改稿。2019 年 12 月，我再次拜访他时，他曾说，正在为外公做一件事，现在得保密，到时可以写一篇文章给我。后来才知道，是“丰子恺星”得以在 2020 年成功命名。此次征得宋老师同意，把他写的文章《丰子恺跨越时空的“星”缘》，作为本书的代序。正如宋老师文中所说：“在百年华诞之际，外公丰子恺终于‘天人合一’，变成了天上一颗永恒的星星。”

令人深感伤悲的是，两位敬重的长者，丰一吟老师和沈定庵先生，先后于 2021 年末和 2023 年初离世。2018 年 11 月，我访谈沈定庵先生时，沈老很挂念丰一吟，曾说等天气暖和些一定去上海拜望丰一吟，但一直未能如愿。但愿丰老师和沈先生都在天上找到了那颗明亮的丰子恺星。

最后，还要真诚感谢黄山书社。在此，向责任编辑和出版社的朋友深表谢意。书中定有很多的疏漏和缺憾，希望各位读者朋友不吝指正。

2023年9月